팬시·아트북을 예쁘게 꾸미려면

청소년 여러분의 감각과 창의를 믿고 의지하며 본 팬시·아트북이 보다 아름답고 예쁘게 보다 보배로운 책으로 꾸밀 수 있는 방법을 간략히 설명하여 드리려 합니다.

먼저 앞뒤 표지의 날개의 예시된 기본예를 보아 주시고 어떻게 채색하여 꾸미면 이것보다 예쁘게 될까를 생각해 보시고 난후 아래 방법을 읽어보세요.

* * * 예쁘게 꾸미는 방법 * * *

1. 책의 내용을 이용하거나 장식테를 그려 장식할 수도 있지만 여기서는 여러분의 글씨로 책 내용을 사각이 되도록 표지 예시처럼 써 넣으세요. 테의 글씨는 어떠한 글씨체라도 안의 내용이 중심을 잡고 있기 때문에 무방합니다.

2. 준비된 형광펜 빨강, 녹색, 노랑 3색을 이용하거나 여러분이 좋아하는 취향의 색으로 3색을 넘어서도 가능하지만 전체의 내용이 산만해질 우려가 있어 3색을 원칙으로 하였습니다. 먼저 빨강색을 넣는데 글자의 자음과 받침에 있어서 'ㅁ, ㅂ, ㅇ, ㅍ, ㅎ'처럼 막혀 있는 자음 2개를 건너 뛰어 빨강을 칠하여 갑니다. 여러분이 써서 사각의 테를 만든 부분도 이와같이 합니다.

3. 빨강색을 다 칠하였으면 다음 녹색을 칠해 가는데 녹색은 빨강색 다음으로 칠하여 갑니다. 또 다음 색 역시 녹색 다음으로 칠하여 갑니다. 그리고 난후 그림에 색을 넣습니다.

※ [예시]

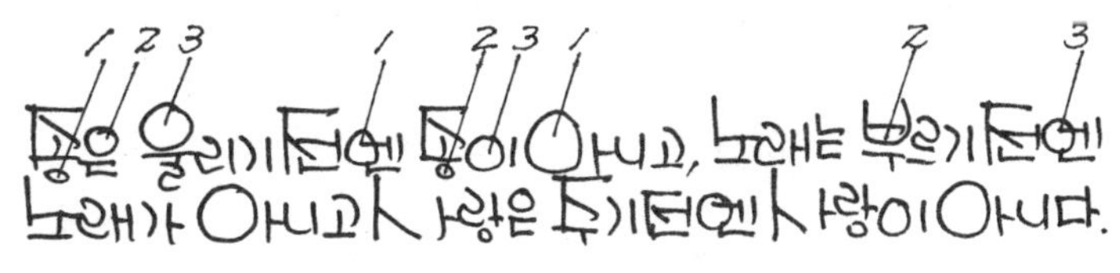

한페이지를 기본으로 1의 빨강색을 두칸 뛰어 전체 칠하고 다음 2번의 녹색을, 다음 3번노랑색 순으로 칠하세요.

※ 본 팬시·아트북 내용을 채색 장식한 것중 가장 잘된 것을 분기별 현상공모할 예정이니 잘된 쪽의 페이지를 절취하여 액자를 만들어 놓거나 본사 사서함 주소로 보내주세요. 기타 자세한 사항은 책 뒷면의 "원고 모집"을 보아주세요.

팬시 · 아트

세계명언집

엮은이 김 영배

태 을 출 판 사

영웅은 자기가 할수
있는 일을 해
낼수있는 사람이다.
그런데 사람들은 가능한
일은 뒷전이고 도저히 나할수
없는 일에 집착한다. <로망 롤랑>

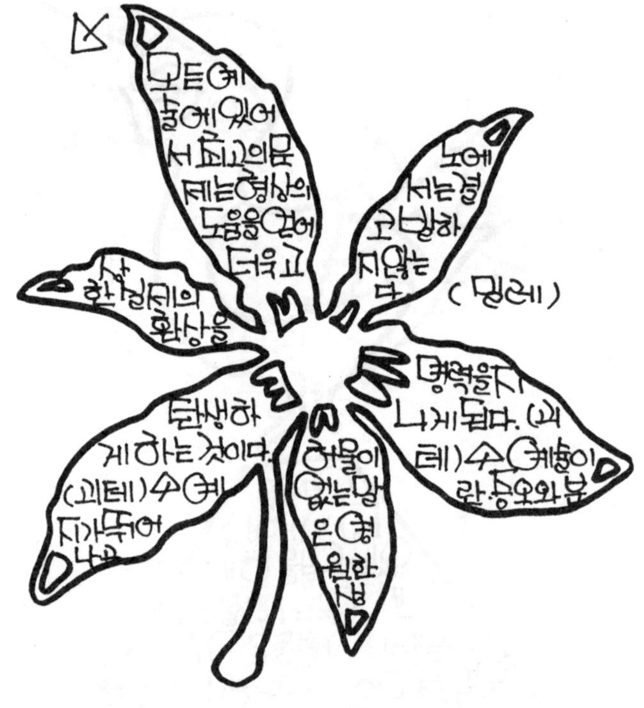

많이 알고 많이 잊어버린 후가 아니면 좋은 작품을 쓰기
못한다. (밀레)
힘 들다. (밀레) 수다를 이룸
감동시키려면 먼저 자기 자신부터 감동해야
한다 그러하지 못하면 아무리
훌륭한 작품이라 할지라도 결코 생명력을

꿈과 같은 재료로 구성된 인간의 짧은 의미의 일생은 잠으로 시작되어 잠으로 끝나는 것이다. (셰익스피어) - 게으른 자여, 언제까지 잠만자고 있겠느냐. 저 개미가 어떻게 하고 있는지 보고 배워라. (구약성서의 잠언중) - 황금보다 지혜를 얻는 것이 좋고 銀은 보다는 슬기를 얻는 것이 낫다. (잠언)

줄기의 둘레가 큰 나무도 작은
털끝만한 줄기의 싹에서 생겨
났으며, 높다란 구층누각도
밑 땅의 바닥에서 비
롯하여 올려진다
노자(老子)

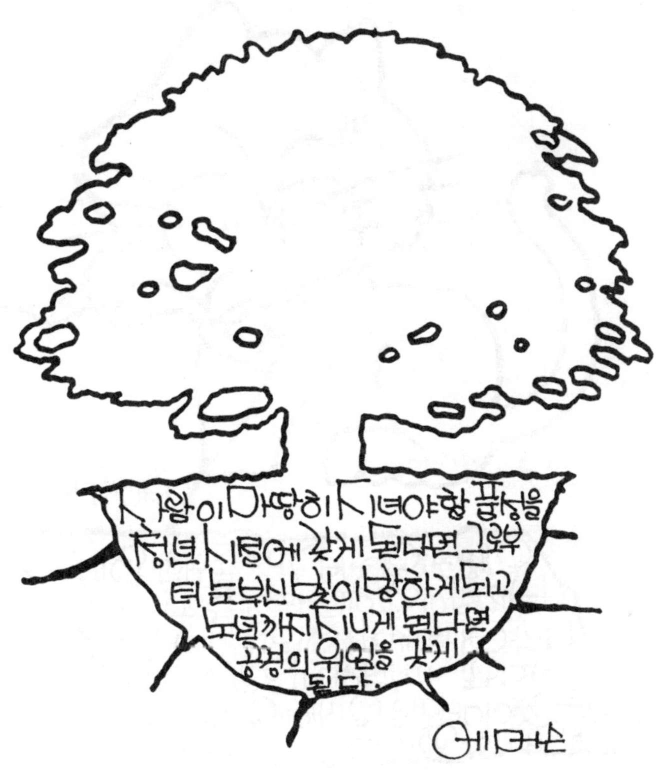
사랑이 마땅히 지녀야할 품성을
청년 시절에 갖게 된다면 그로부
터 눈부신 빛이 밝히게 되고
노년까지 지니게 된다면
공평의 위임을 갖게
된다.
에머슨

(레스터 필드)
인생에 있어서 가장 숭고한 용기는 비겁함이 무엇이 어떻게 죽느냐가 아니라 어떻게 살까하는 점이다. 비겁하지 않게 씩씩하게 살길을 잃지 않는 것이야말로 인생에 있어서 가장 고귀한 용기이다.

사회같은 것 없이도 살아갈 수있다고 생각하는 사람은 어리광이다가다
신을 죽이고 있는 인간이다. 그러나 자기가 없으면 이 사회가 존속되지 않을 거라고 공상을 하는 인간은 뭔가 더욱 잘못된 인간이다. — 강이 바다로 흘러가듯 덕은 이해관계로 거절되어 진다. (라·오시푸코)

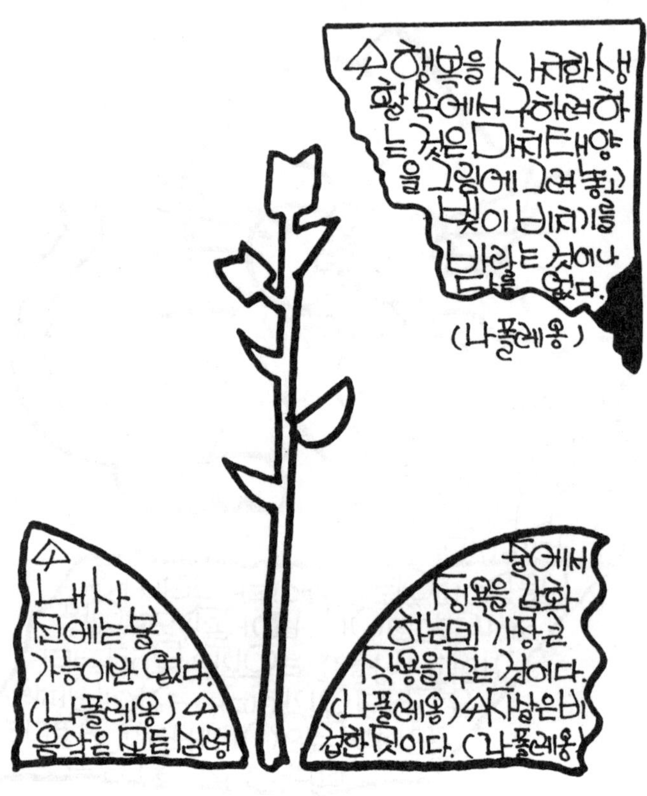
행복을 ○○한 생활 속에서 구하려 하는 것은 마치 태양을 그림에 그려놓고 빛이 비치기를 바라는 것이나 다름 없다.
(나폴레옹)
내 사전에는 불가능이란 없다.
(나폴레옹)
음악은 모든 감정
속에서 ○○을 감화하는데 가장 큰 ○용을 주는 것이다.
(나폴레옹) 같은 비○한 것이다. (나폴레옹)

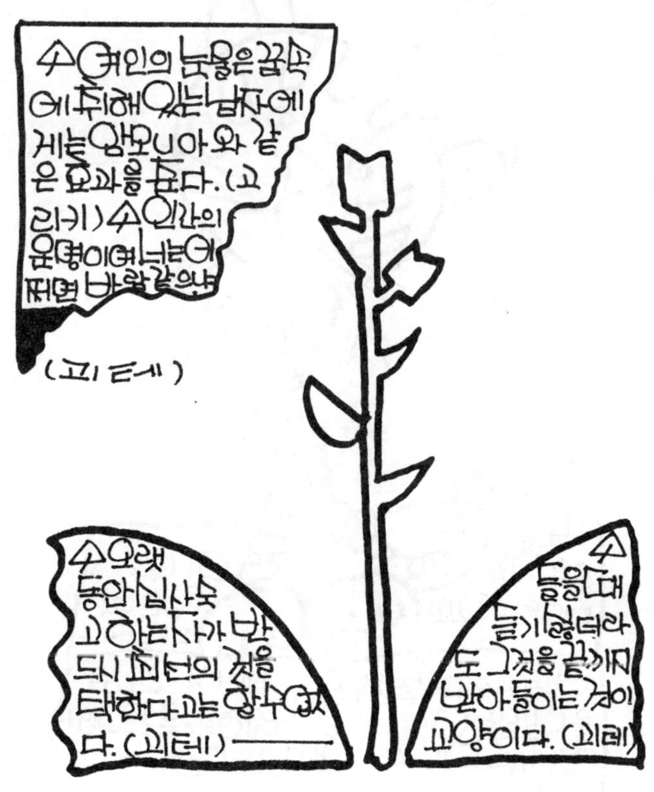
여인의 눈물은 깊은 속
에 대해 있는 남자에
게는 암모니아와 같
은 효과를 준다. (고
리키) 인간의
운명이 어떤
펴면 바람같으냐
(괴테)
오랫
동안 심사숙
고 하는 자가 반
드시 최선의 것을
택한다고는 할수없
다. (괴테)
들을때
듣기 싫더라
도 그것을 즐거이
받아들이는 것이
교양이다. (괴테)

노동으로말
미암아 인간은
이 벌은 잃은 없
다. 그러나
빈둥거리며 놀기만
을 일삼는 이는 그생
명마저 망가지고 만
다. 왜냐하면새가
날수있도록 태어난
벌처럼 인간은
노동하도록 태어
났기때문이다.
(루터)

자기의 일을 게을리하기
때문에 열심히 일하여
자기의 양식을 마련하지 않고
남에게 나를 부양해 주
위하여 남의 재물을 탐하지
말라. 스스로를 위하는 이
는 식인종이나 다름 바
없는 것이기 때문이
다. (타고르) 게으름
은 가난의 지름길이다.

고결하고 신실한 인간의 마음에 깃든 사랑은 초라한 영혼도 황금빛으로 빛나게 한다. (파울·하이제)

사랑은 맘씨를 곱게하고, 희망은 맘씨를 부드럽게한다. (라무네) 사랑은 생명의 꽃이다. (보텐쉬테트)

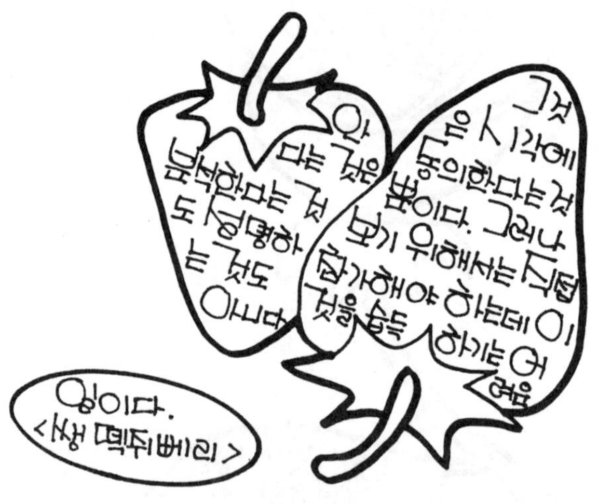
앎다는 것은 명백하다는 것도 자명하는 것도 아니다
그것은 모든 사람이 동의한다는 것뿐이다. 그러나 보기 위해서는 직접 찾아가해야 하는데 이것을 습득하기는 어려움
임이다.
<생 떽쥐베리>

생활이라 생각하는 것이 그 본성이다. 인간의 존엄성은 오로지 사고에 있다. 인간의 내부에 있는 모습되
두요소, 곧 한나의 일면과 감우의 일면, 어느 쪽이 나를 지배하는가
는 나의 사고에 달려 있다.
< 파스칼 >

사랑은 작은 새와 같이 나뭇가지에 앉았다가 들어주는 거요. 노래와 마음을 흐뭇하게 떠나며 줍니다. 당신은 그 사랑에 날개가 달려있었음을 미처 깨닫지 못하게 합니다. (윌리엄 와트슨) — 어떤 이를 사랑하다가 실연한 것은 한번도 사랑을 못해본 것보다 훨씬 낫다. (테니슨)

나무보다 기쁨속 신의 울음
하여 늘성장 하고
있다. 그런데 인간들의 삶이란 자기 자신의 꿈 속을 위하여 건설하고 있는 것이다. 다시말해 인간의 자기유지는 곧 건설이다. 그러므로 인생은 건설과 발전을 의미하는 것이다.
(프랑스 시인 발레리)

인생은 한 손에 행복의 황금 관을 들고 다른 한 손에는 고통의 무쇠관을 들고 있다. 인생에 있어서 사랑받는 이는 이 두 개의 관을 동시에 받게 되는 것이다. (엘렌·케이)
세상이 사랑스러워 사는 이, 그 이를 낳는 것은 모두 어머니인 것이다. (고리키)

※ 인간으로서의 존엄과 자유는 보다 우리가 지니고 있는 것이다. 이러한 보배들을 지녀 나아가자. 만약 그렇게 되지 못한다면 우리 그 존엄과 함께 죽어버리라 ·(키케로) ※인간만사에 있어서 가장 긴요하고 중요한 것은 책이다. (체스터필드)

사랑하고있을 때만큼은 누구나 시인이다. (플라톤) - 인간이 가진 것 가운데신 마음으로가 가장 위대한 것이 있다면 그것은 곧 그 사람의 마음이다. (플라톤) - 인간은 한 포기의 갈대에 지나지 않는다. 자연 속에서도 가장 약한 갈대에 지나지 않는다. 그러나 그것은 생각하는 갈대이다. (파스칼)

신앙이란 인생의 의미를 깨달아 얻는 것이며 거기에서 생기는 여러가지 채무를 인식하는 것이다. (톨스토이)
예술은 인간들을 앙양시키는 수단의 하나이다. (톨스토이) - 표현되는 말들이 한 푼 어치의 가치가 있다면 그 대응의 침묵은 두 푼 어치의 가치가 있고도 남는다. (톨스토이)
말은 곧 사상의 표현이다. (톨스토이)

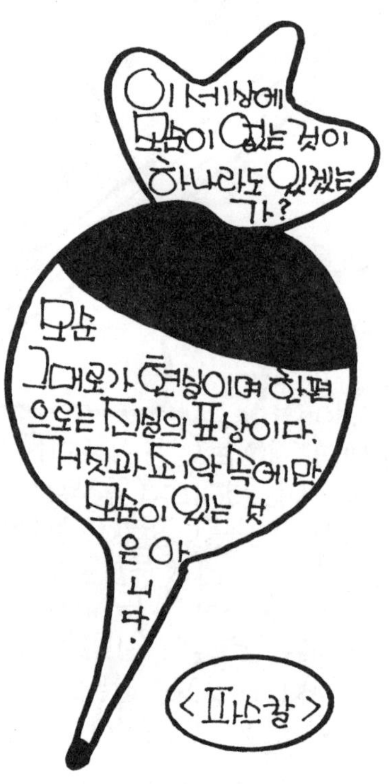
이 세상에 모습이 없는 것이 하나라도 있겠는가?
모습 그대로가 현상이며 한편으로는 진실의 표상이다. 거짓과 죄악 속에만 모습이 있는 것은 아니다.
〈파스칼〉

인간에게 가장 나쁘다 생각되는 고통은 어느 의미에선 가장 좋은 선물일 수도 있다. 왜냐하면 고통은 사람을 진정된 행복으로 인도해 주는 교량이 되기 때문이다.
< 파스칼 >

나는 미래를 가린 남자와
과거를 가린 여자가 좋다. (오스카.
와일드)

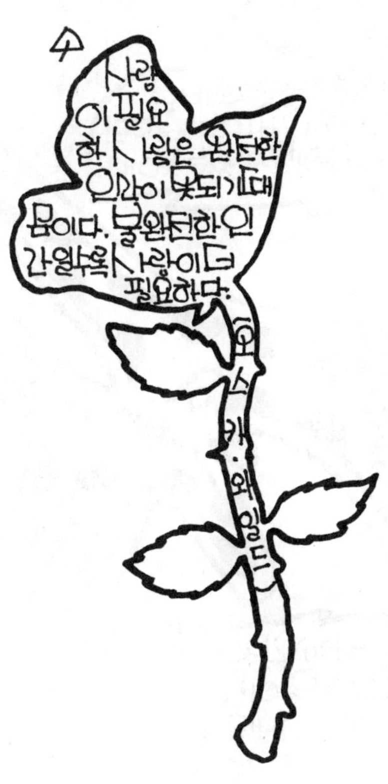
사랑이 필요한 사람은 완전한 인간이 못되기때문이다. 불완전한 인간일수록 사랑이더 필요하다.
오스카·와일드

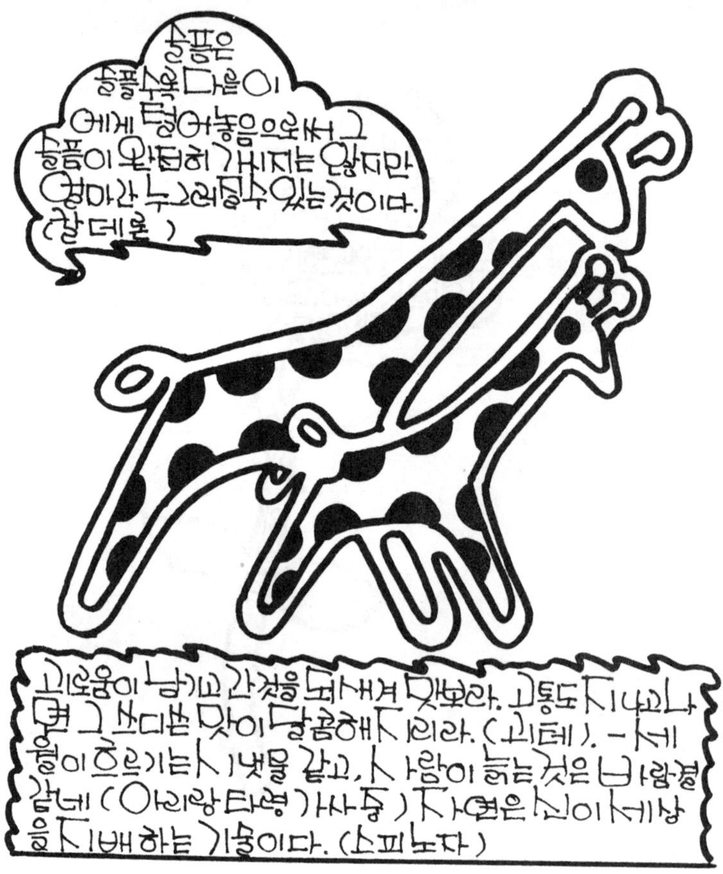

슬픔은 슬픔에 맞는 마음이 에게 털어놓음으로써 그 슬픔이 완전히 가시지는 않지만 얼마간 누그러뜨릴 수 있는 것이다. (잘 데롱)
괴로움이 남기고 간 것을 되새겨 맛보라. 고통도 지나고나면 그 쓰디쓴 맛이 달콤해지리라. (괴테). —세월이 흐르기는 시냇물 같고, 사람이 늙는 것은 바람결 같네 (아리랑 타령 가사 중) 자연은 신이 세상을 지배하는 기술이다. (스피노자)

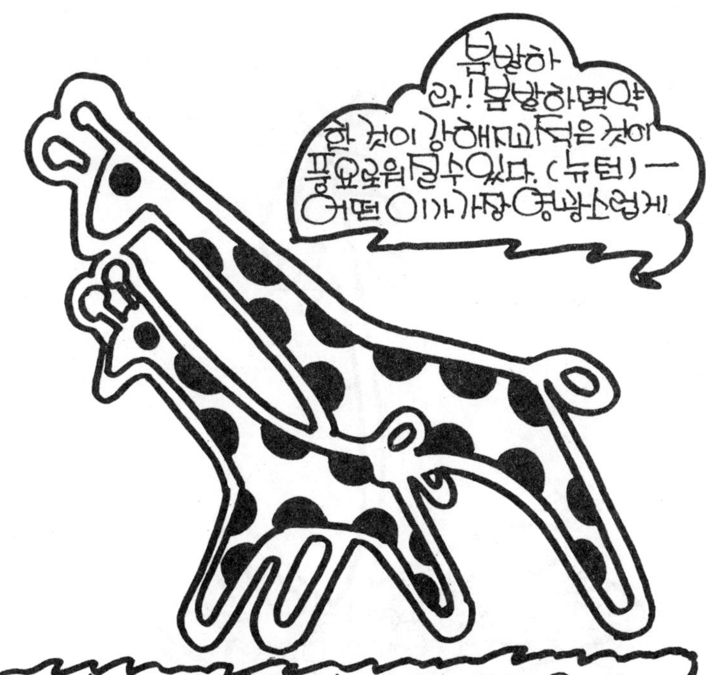
분발하라! 분발하면 약한 것이 강해지고 적은 것이 풍요로워질수 있다. (뉴턴) — 어떤 이가 가장 영광스럽게 사는 사람인가? 한번도 실패함이 없이 안정된 삶만을 영위하는 것이 아니고 실패할 때마다 묵묵이 힘차게 다시 일어서는 의지에 인간의 참된 영광이 있는 것이다. (골드스미스). — 인간의 성격이란 하나의 습관이다. (이븐 시나)

운명을 비웃는
자만이 행운을 손에 넣
을 것이다. (벤자민·디즈렐리)
순응력은 지식의 어머
니이다. (벤자민·디즈렐리)

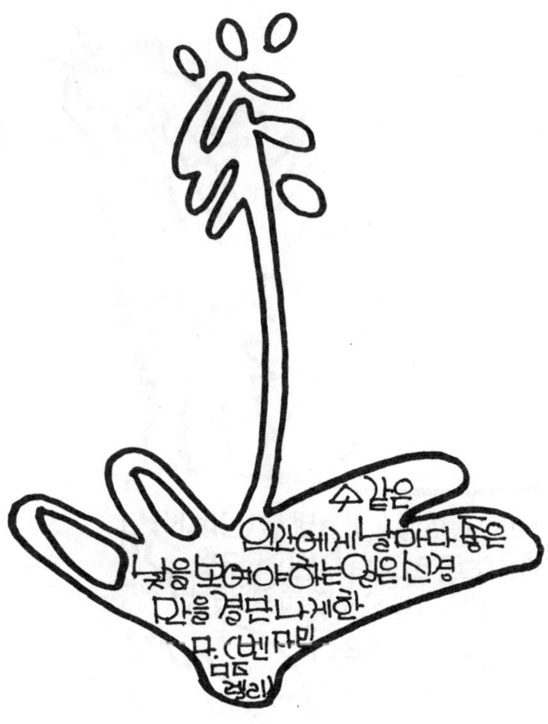

수 같은
인간에게 날마다 좋은
낯을 보여야 하는 얼은 신경
마을 경단 나세한
다. (벤자민
미드
렐리)

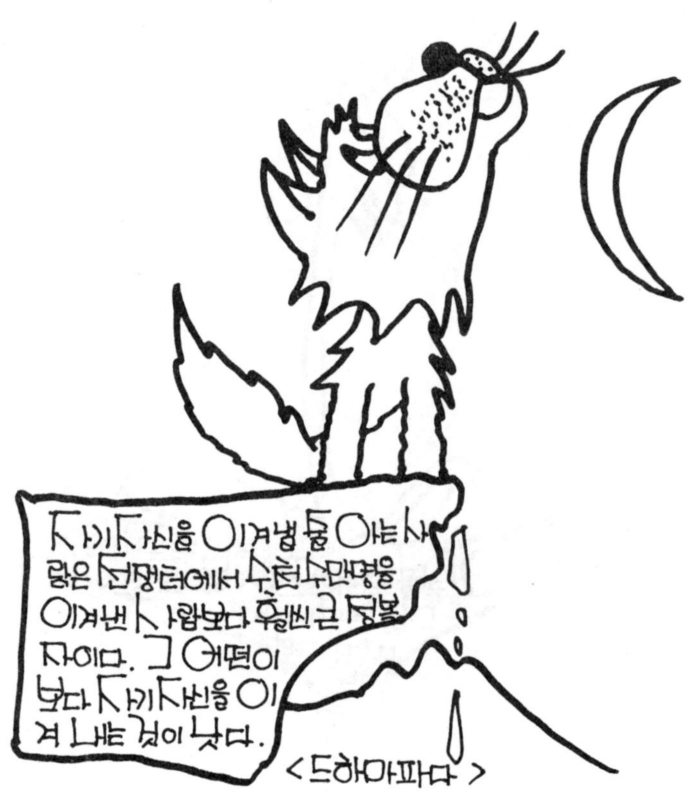

자기자신을 이겨낼줄 아는 사람은 전쟁터에서 수천수만명을 이겨낸 사람보다 훨씬 큰 정복자이다. 그 어떤이보다 자기자신을 이겨내는 것이 낫다.
〈드하마파다〉

현명한 사람이 되고자 하면
사리에 맞게 묻고 교심스럽게
듣고 침착하게 대답하
고 그리고 이러니 할말
이 없다면 그치는 법
을 배워라. <라파테르>

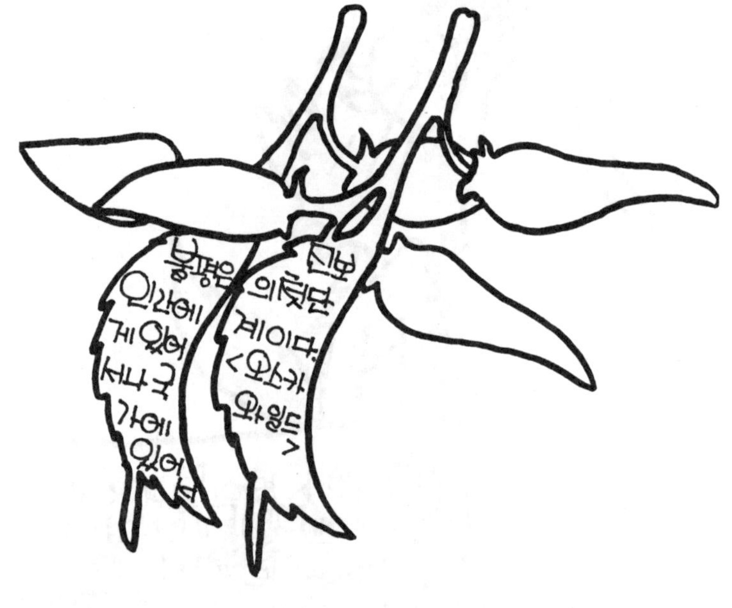

불평은 인간에게 있어 너나 국가에 있어
진보의 첫단계이다. <오스카 와일드>

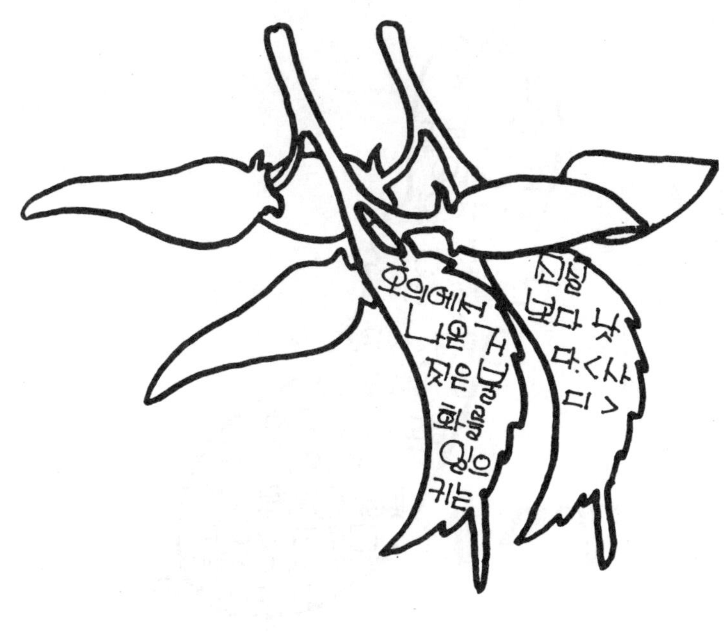

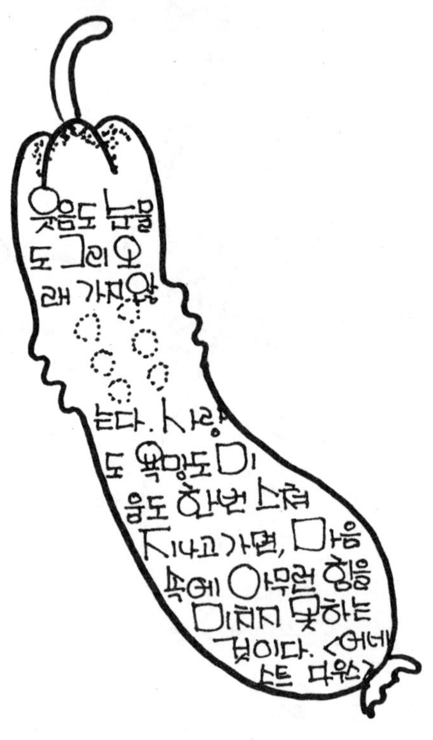
웃음도 눈물도 그리 오래 가지 않는다. 사랑도 욕망도 미움도 한번 스쳐 지나고 가면, 마음 속에 아무런 힘을 미치지 못하는 것이다. <어네스트 다우슨>

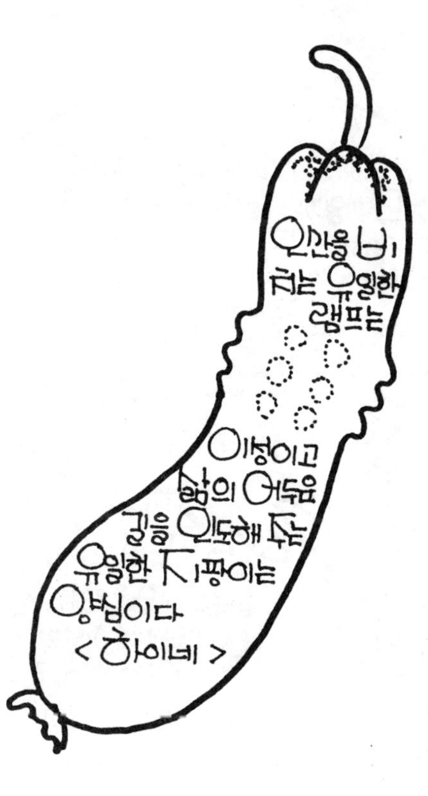
인간을 비추는 유일한 램프는 이성이고 삶의 어두운 길을 인도해 주는 유일한 지팡이는 양심이다
< 하이네 >

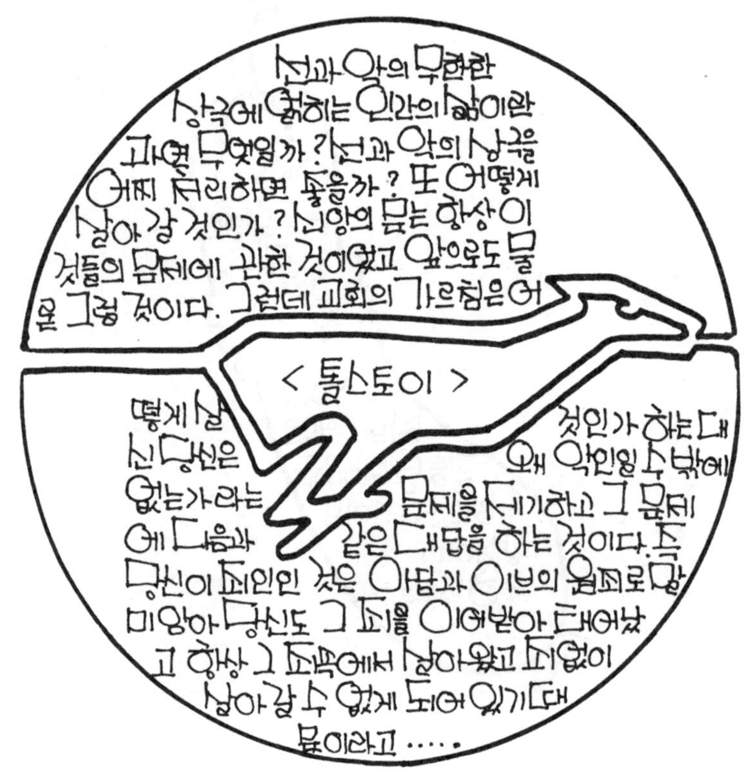
선과 악의 무한한 상극에 얽히는 인간의 삶이란 과연 무엇일까? 선과 악의 상극을 어찌 처리하면 좋을가? 또 어떻게 살아 갈 것인가? 신앙의 뭎는 항상 이 것들의 뭎제에 관한 것이었고 앞으로도 물론 그럴 것이다. 그런데 교회의 가르침은 어
<톨스토이>
떻게 살 신 당신은 없는가라는 에 다음과 당신이 죄인인 것은 아담과 이브의 원죄로 말 미암아 당신도 그 죄를 이어받아 태어났 고 항상 그 죄악에서 살아왔고 죄없이 살아 갈 수 없게 되어 있기대 뭎이라고……
것인가 하는 대 왜 악인일수밖에 뭎제을 제기하고 그 뭎제 같은 대답을 하는 것이다.

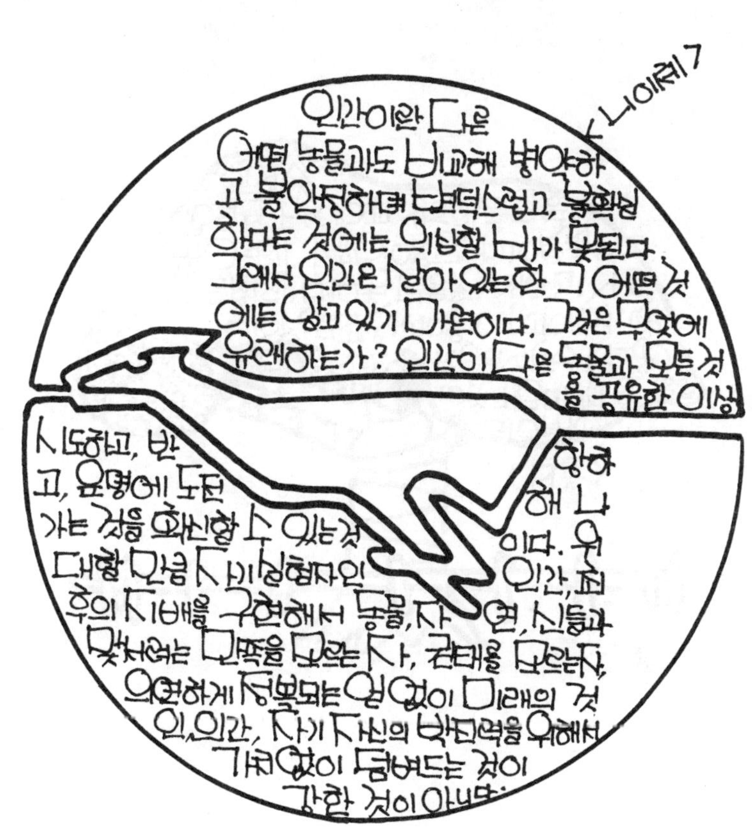

나이체7
인간이란 다른
어떤 동물과도 비교해 병약하
고 불안정하며 변덕스럽고, 불확정
하다는 것에는 의심할 바가 없다.
그래서 인간은 살아 있는 한 그 어떤 것
에도 앓고 있기 마련이다. 그것은 무엇에
유래하는가? 인간이 다른 동물과 모든 것
을 공유한 이성
시도하고, 반
고, 운명에 도전
가는 것을 확신할 수 있는것
대한 만큼 신비험자인
후의 지배를 구현해서 동물, 자연, 신들과
맞서려는 민족을 모르는 자, 권태를 모르는자
의연하게 정복모든 쉼 없이 미래의 것
인, 인간, 자기 자신의 박력력을 위해서
기때없이 덤벼드는 것이
강한 것이 아니다.

신의는 모든 일의 시초이며 또 모든 일의 종결이다. 진실이 없는 시초는 아무것도 시작하지 않음만 못하다. 진실은 그 자리가 짐이고 내용이고 참모의 것이다.
(공자) 수괴심은 그것을 고치고 않는것이 과실이다.
(공자)

(토마스)

보수가 많고 적음을 너무 가리지 말라. 비록 현재의 보수나 대우가 빈약하더라도 그 일을 통하여 들어서 의문이 열리는 수가 많다. 보수의 다소가 출세를 보장하지 않는다.
(버트란드·러슬)

아모
르는 것을 모른다고
하는 것이 곧 아는
것이다. (공자) 수양
고 있을뿐 행하지
않으면 알지못함
과 같은 것이다. 진
함이 있을뿐 소뢰
가 없으면 한 (공자)
함이 없음 과 같다.

운명은 미래에 있어 아직 우리를 행복하게 할 것인가 또는 불행하게 할 것인지 정해져 있지 않았다. (몽테뉴) - 한가지의 뜻을 세우고 그것만을 향해 그 길을 가라. 도중에 좌절도 있을 수 있고 실패도 있으리라 그러나 다시 털고 일어나거라!
으로 매진하라, 반드시 찬란한 빛이 그대를 주인으로 하여 맞을 것이다. (칸트) - 내 사전에는 불가능이란 없다.
아마후미의 말은 나폴레옹의 말일껏요

인생의 목적은 곧 행동이지 사상은 아니다. (카알라일) - 실패나 불행의 상황에서 실패나 불행으로 끝맺게
하는것은 지혜롭지 못한 일이다. 실패나 불행앞에 우는 사람이 되지말고 실패나 불행을 새로운 출발점으로 이용할 수 있는 지혜로운 사람이 되라. (프랭클린) - 어떤 사랑이나 희망도 정열이 뒷받침 없이는 꽃피우지 못한다. (헤르더)

(쇼펜하우어)
우 인간은 이성년에 달하면 지금까지 그를 우애워 싼 흐릿했던 편견에서 해방된다. 어렸을 때는 망상이나 공상, 그리고 남에게서 바판없이 이받아들인 어떤편견 같은 것이 한데 맞려 있어 몽롱한 환상을 만들고 있었지만 그것들이 벗겨지는 것이다.

수 정년 1랑 ～게 하는 것이
옳다는 굳은 신념을 가질수 있다면 비
록 여러 사람들이 반대하고 비난하더라도
그 행동을 중지하지 말아라. 자기 자신의 신
념대로 나아가라. (에픽테토스) 수신
념은 자기 자신에 대한 시인이 아니 면
안된다. (파스칼)

골즈워디의
파이트 이야
기에서

인간에
자유의 봄
능을 생활의 기초로
표명할 때 예술이나
철학에는 무감각한
인종이 되어

버리고
마는 것이다

재물이나 돈은 생활을 위한 하나의 방편이지 그 자체가 목적이 될 수 없다. 〈칸트〉

애정에는 두가지의 형태가 있다. 한 자만이 독점하려는 강렬한 소유욕에 속하는 애정, 담담하면서 따뜻한 관심과 흥미를 주고 받는 애정이 있다. 전자는 불행한 원인의 불씨가 되기쉽고 후자는 오래가고 또 행복이 싹오움트게 하는 애정이다. (버트란드·러슬) 수줍음성이 없는 사람은 그만큼 인생에 있어서 약한자다.
(버트란드·러슬)

행복은 일단 우리의 양심을 맞아버리만 무너에서 배정을 열어 ...다. (방자크) ─ 인간 구원함에 있어서 그 길은 오직 그 사람자신의 행동뿐이다. (사르트르) ─ 미래가 가치가 있다고 한 것은
(베르그송)
그 속에 무한한 가능성이 늘어 있기때문이며 그 풍성한 가능성자체에 가치가 있는것이다.

인간이 일관된 목적을 갖는다는 것은 행복한 인생을 위해선 불가결한 요소들의 하나이다. 그리고 그 일관된 목적이 구체적으로 실현되는 것은 오직 일을 통해서만 이루어진다. (러셀)
- 운명은 항상 당신을 위해 또 다른 성공을 기대하고 있다. 그러므로 오늘 실패한 이는 내일의 성공을 기대할 수 있다. (세르반테스)

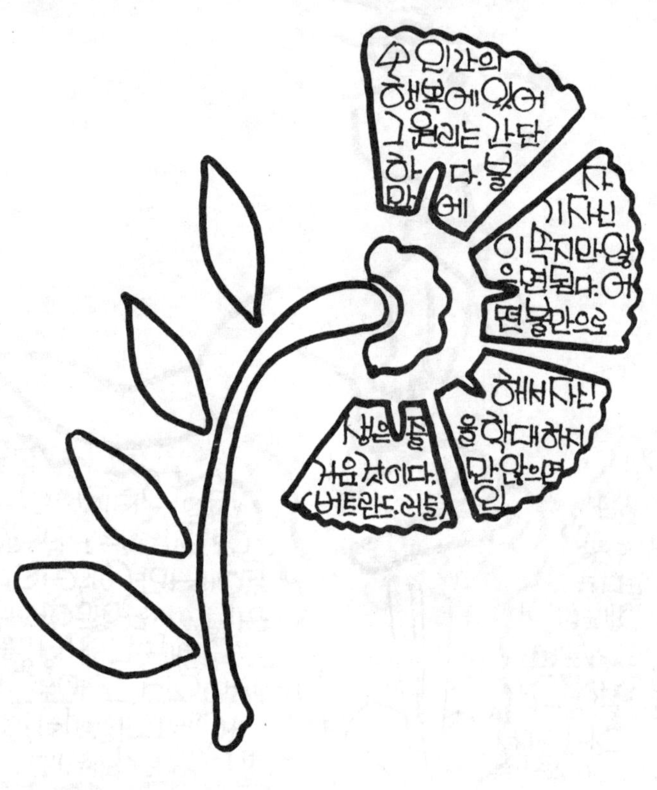
인간의 행복에 있어 그 원리는 간단하다. 불만에
기다린 이 족지만 않으면 된다. 어떤 불만으로
해버리는 을 학대하지 만 않으면 인
생의 끌 음 것이다.
(버트란드. 러셀)

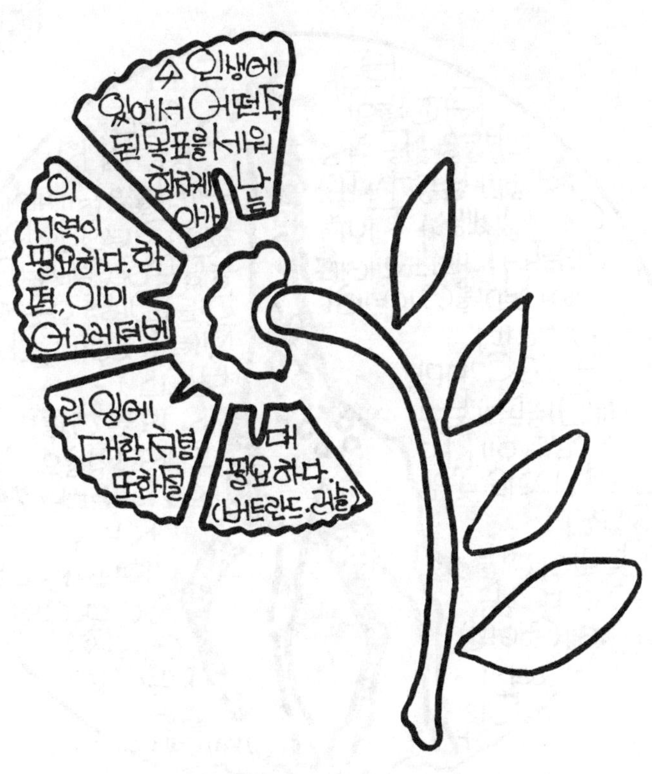
인생에 있어서 어떤주된 목표를 세워 함께 아버님
의 지력이 필요하다. 란 편, 이미 어그러떴에
리잉에 대한 선별 또한필
대 필요하다.
(버트란드·러셀)

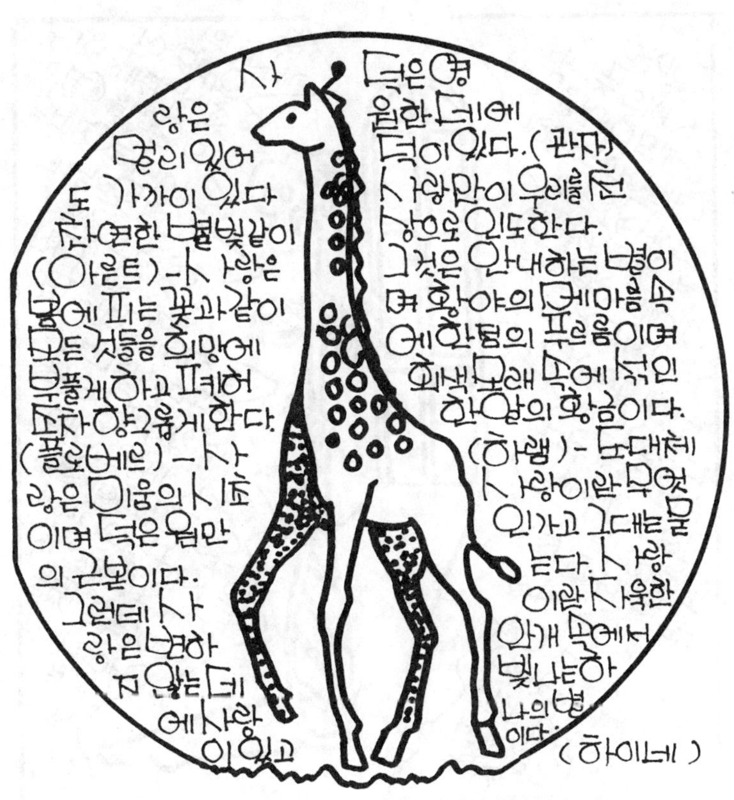

사랑은 멀리 있어도 가까이 있다 찬연한 별빛같이 (아르트) - 사랑은 봄에 피는 꽃과 같이 모든 것들을 희망에 부풀게 하고 피게하 향그웁게 한다. (플로베르) - 사랑은 미움의 시료이며 덕은 웝만의 근본이다. 그런데 사랑은 변하지 않는데에 사랑이 있고
덕은 영원한 데에 덕이 있다. (관자) 사랑만이 우리를 먼 길으로 인도한다. 그것은 안내하는 별이며 황야의 내 마음 속에 한 떨기의 푸르름이며 회색 모래 속에 섞인 한 알의 황금이다. (하렘) - 도대체 사랑이란 무엇인가고 그대는 묻는다. 사랑이란 숙한 안개 속에서 빛나는 하나의 별이다. (하이네)

인간을 자네의 뜻대로 어떤 인상을 당당히 해보려고 노력하다가 잘 안되면 어떤 외부의 힘에 의하여 그 뜻을 달하게 위해 보려고 결국 요행이 된다. 그러나 이 세상 요행이라는 것은 백만의 한 사람 있을까 말까 하는 것이다. 어찌 그 요행을 바라고 황금같은 시간을 낭비하려 하는가.
자기 자신의 이마만이 확실하게 자기의 운명을 열고 나아가는 것임을 왜 모르는가.
(로렌스 굴드)
우리자신들에게 무엇이 못되었을 때, 그것은 갑자기 일어난 일이 아니고, 이미 우리자신들이 젊어 지난 날의 과거 때문에 운명의 씨앗이 뿌려졌을 것이다.
(푸르노트)

☆ 사교적인 여성을 보라, 무슨 일로 화를 내고 있다가도 뜻밖의 손님이 오면 금새 그 언짢음 감정을 중단하고 웃는 낯으로 변하려 한다. 이것을 위선이나 가식으로 생각해서는 아니된다. 한가지의 좋지못한 감정을 다른 일에게까지 전하며 느끼지 않으려는 것 뿐이다. 신하가 임금님 앞에 나가 자신의 약속을 던 감정을 결코
나타내지 않는다 감추기보다는 왕에게 잘보이려고 하는 의지가 기분나쁜 감정을 뒷전으로 미뤄버리는 것이다. (알랭) ☆ 가정에서 시비를 방지하려면 또 평화를 유지하려면 비결은 무엇보다도 최초의 강한 마음을 조심하는 데에 있다. (알랭) ☆ 자극없는 인생을 원하지 말고 그것에 물들지 않는 연습을 하라. (알랭)

된다. 그리고
죽이라는 것은 우리
가 자신의 모습을 어
떻게 선택할 것인가
그 고백요 고독에는
불안이 따른다.
(사르트르)
우리는 우리 자신이 멋대로 할 수 있는 자연인으로
이 땅에 내던져진 한 생명의 불꽃이다. 우리는
어떤 의지할 것도 없고 자신을 위해 내밀어 주
는 손도 없는 망막한 것에 혼자 서 있다. 무엇
에 의지할까 무엇을 할까는 오로지 나 자신이
결정해야만 한다. 대문에 우리는 인생 자체
가 고독하다고 말한다. 내가 자신을 만들어
가야만 한다는 점에서 인간의 고독이 그고

인간의 삶은 고독에 잠기는 것을 말한다. (헵벨)
나는 마음도 가볍게 누더기에 의존하여 이김을 확보한다. 자유로우며 눈앞에 선편한 세계를 바라보며, 지금 내앞에 펼쳐진 흑갈색한 둥기의 외로운 나만의 길을 걸어간다. (휘트맨) ―나의 발명은 한가지 일에 행동하면서 그것에 관한 경험을 누적시켜 받아올린것 바로 그것의 결과였다. (에디슨)

☆ 당신의 영혼을 위대한 사상으로 기르라. 영웅을 믿는 일이 영웅을 만들어낸다. (벤자민·디즈렐리) ☆ 커다란 고유에서 데어낼 수 없는 또한 감정은 중독되지 못한 욕망보다도 더 비참한 감정을 갖게 하는 확실한 원인이 되는 것이다. (벤자민·디즈렐리) ☆ 빚은 우행과 범죄를 다산(많이 낳음) 하는 어머니이다. (벤자민·디즈렐리)

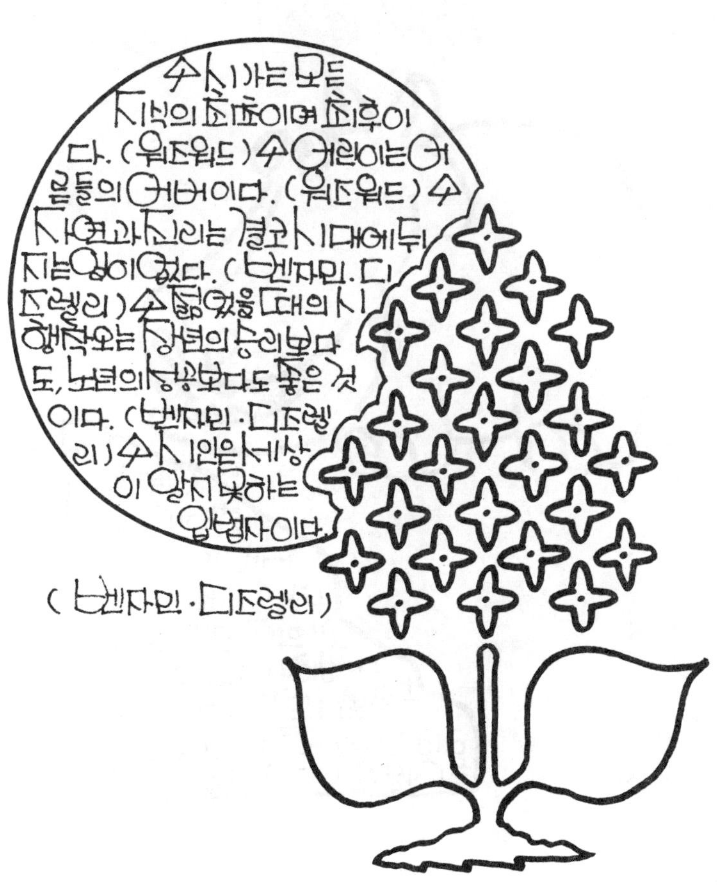

✿ 시가는 모든 지식의 초표이며 초후이다. (워드워드)
✿ 어린이는 어른들의 어버이다. (워드워드)
✿ 자연과 진리는 결코 시대에 뒤지는 일이 없다. (벤자민. 디즈렐리)
✿ 힘없을 때의 시행착오는 신념의 승리보다도, 너녁의 행방보다도 좋은 것이다. (벤자민·디즈렐리)
✿ 시인은 세상이 알지 못하는 입법자이다.
(벤자민·디즈렐리)

태양은 불행한 인간의 제 이의 영혼이다. (괴테) -인간의 희망은 절망보다 강하고 인간의 기쁨은 슬픔보다도 강하다. (프라이리히라트) -태양이 빛나고 있는 이상 희망도 빛난다. (윌러)

희망, 그것은
결코 그것을 갖
는 사람을 몰락시키
는 법이 없다. (프라
이리히라트) - 보다
많은 것을 갖으려는 욕망
보다는 보다 적게 바라는 희
망을 선택하라. (토마스켄피스)
일생의 계획은 근면에 있다. (공자)

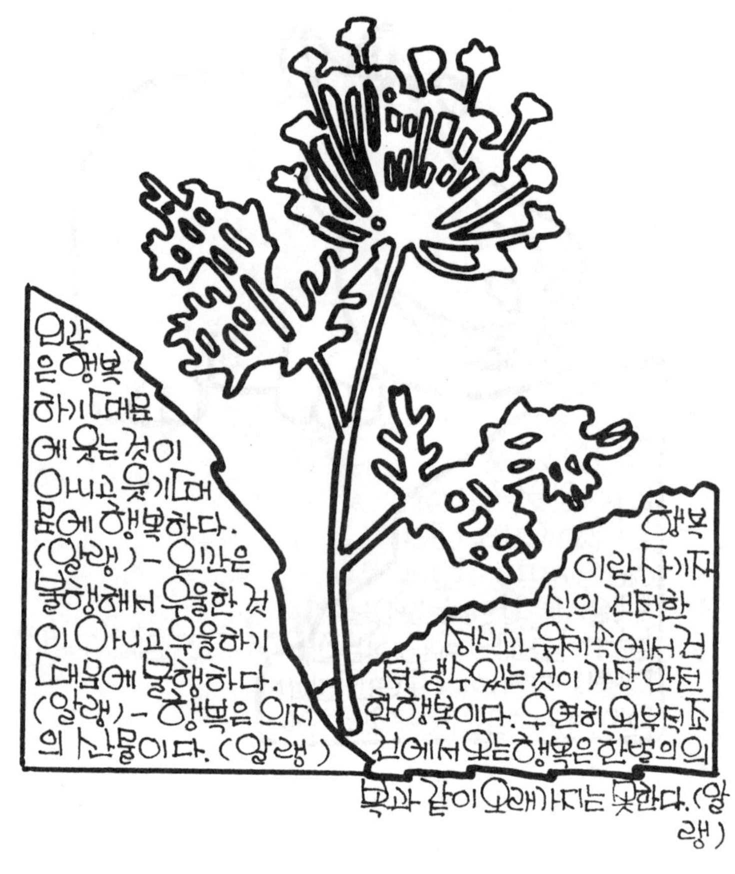
인간은 행복하기 때문에 웃는 것이 아니고 웃기 때문에 행복하다. (알랭) - 인간은 불행해서 우울한 것이 아니고 우울하기 때문에 불행하다. (알랭) - 행복은 의지의 산물이다. (알랭)
행복이란 자기 자신의 건전한 정신과 육체 속에서 건져낼 수 있는 것이 가장 안전한 행복이다. 우연히 외부적인 것에서 오는 행복은 한낱의 의복과 같이 오래가지는 못한다. (알랭)

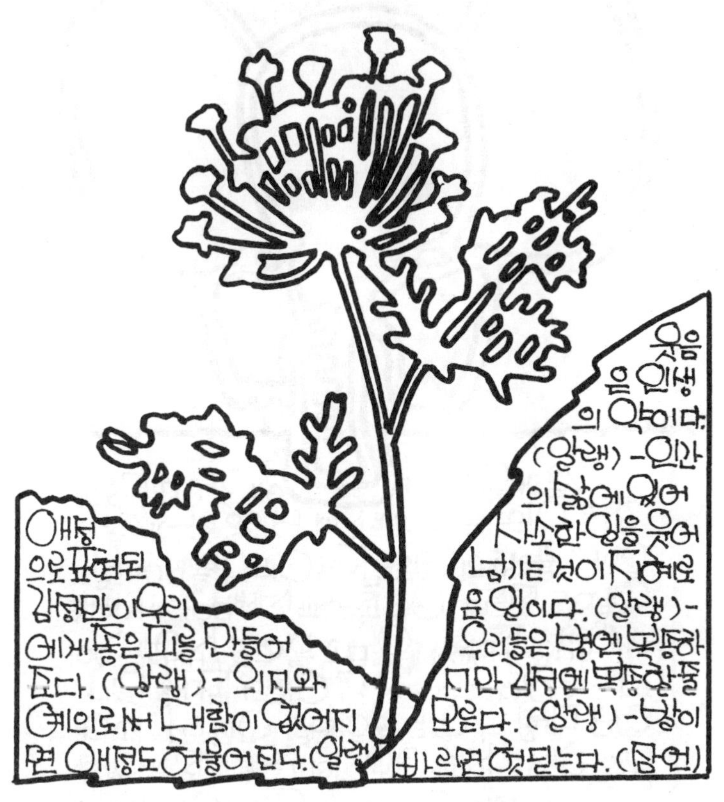
애정으로 표현된 감정만이 우리에게 좋은 피를 만들어 준다. (알랭) - 의지와 예의로써 대항이 없어지면 애정도 허물어진다. (알랭)
웃음은 인생의 약이다. (알랭) - 인간의 삶에 있어 사소한 일을 웃어 넘기는 것이 지혜로움 일이다. (알랭) - 우리들은 방엔 복종하며 다만 감정엔 복종할 물 모른다. (알랭) - 방이 바르면 헛딛는다. (잠언)

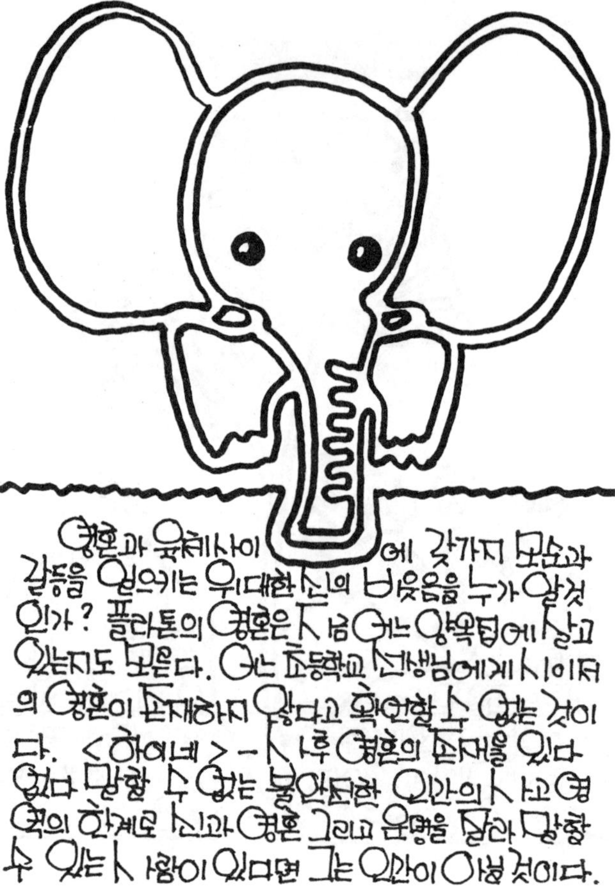

영혼과 육체사이에 갖가지 모습과 갈등을 일으키는 위대한 신의 비웃음을 누가 알것인가? 플라톤의 영혼은 지금 어느 양옥집에 살고 있는지도 모른다. 어느 초등학교 선생님에게 시이저의 영혼이 존재하지 않다고 확언할 수 없는 것이다. <하이네> — 사후 영혼의 존재를 있다 없다 말할 수 없는 불확실한 인간의 사고 영역의 한계로 신과 영혼 그리고 운명을 달라 말할 수 있는 사람이 있다면 그는 인간이 아닐 것이다.

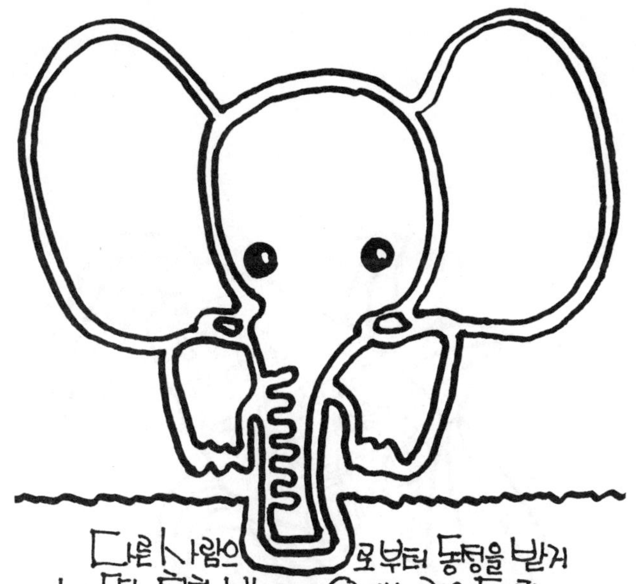

다른 사람으로부터 동정을 받거
나 또는 칭찬 받으려고 애쓰는 것은 자랫
다른 이에게 의뢰하는 의타심이 작용함
수 있는 것이다. 의젓이 홀로 서 있는 이
는 남으로부터 동정을 받으려 않으며 남이
칭찬을 하든 비난을 하든 신경을 안쓰고
자기할 일을 다한다. <라모쉬프코> -
이같은 신념의 의미는 인간에게 중요한
가르침이다. 신념 있는 이로 자신을 가지려
면 언행에 있어 성실성이 요구된다.

노여움이 절정에 달할 때까지 노여워하라. 노여움이 도움이 해지거든 백배나 더 노여워하라.
<제퍼슨>

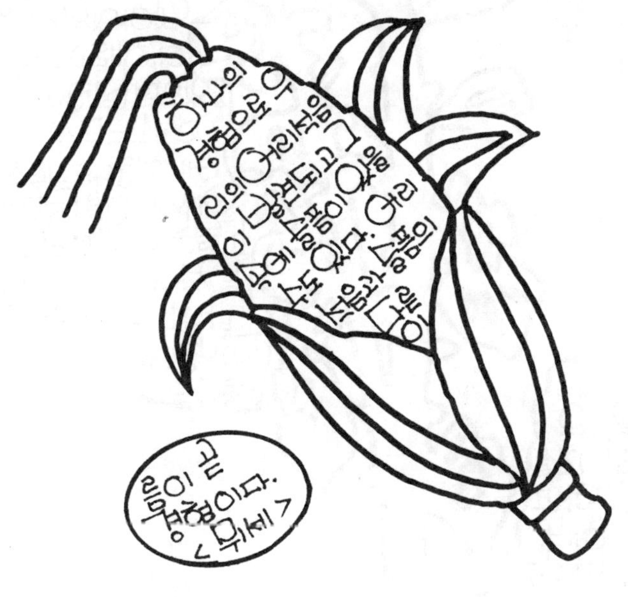
길 틈이
평화였다.
< 베게 >

인간에게 있
어서 평판은 제2의
재산이다. (탈무
드) - 사람은 너무
앉아있으면 건강
에 해롭고 너무 서
있으면 심장에 해롭다.
그리고 너무 걸으면 눈
에 해롭다. 그러므로
이 세가지를 적당히
조절하지 않으면 안되
는 것이다. (탈무드)-
남자는 결혼하며
피가 불어난다
(탈무드)
명상에
잠겨 오
랜시간을
투자하면 또
한 훌륭
하다.(탈무
드)-인간은 성공의
맛을 얻기위해서는 밀거나당기지 않으면 안된다. 탈무드

미녀가 술을 권하면 어떤 술이든 미주가 된다. (탈무드) - 아내를 까닭 없이 괴롭히지 말라 그녀의 우는 만큼의 눈물방울을 하나님께서 세고 계십니다. (탈무드) - 명성을 구하기 위해 쫓는 자는 명성을 따라잡지 못하고 명성으로부터 피해 달리는 자는 명성에게 붙들리게 된다. (탈무드)
인간은 많하는 것을 태어나서 바로 배우나 침묵은 쉽게 배우지 못한다. (탈무드) - 인간의 표정은 희악의 밀고자이다. (탈무드)

사랑은 이성의 귀결이 아닙니다. 또한 일정한 활동의 귀결도 아닙니다. 그것은 완희에 한 생명의 활동 그
일뿐이다. (톨스토이)
아이는 어른보다 총명하다. 아이는 인간에게 늘 신붕이나 추위 더위가 있는지를 모은다. 다만 아이는 자기안에서 늘 영혼과 똑같은 영혼이 누구에게나 있음을
느 낌뿐이다. (톨스토이)

자기 아내에 대한 사랑,
자기 자식에 대한 사랑,
그것은 결코 인간만
의 사랑을 아니다.
야생의 동물일지라
도 그것과 같이
아닉 인간보다
더 강하게
진지한 사
랑을 할
수 있
다.
인간의 사랑 그것은 하
나님의 사랑으로서, 따
라서 형편으로서 인간
에 대한 모든 인간에
대한 사랑일
뿐이다.
(톨스토이)

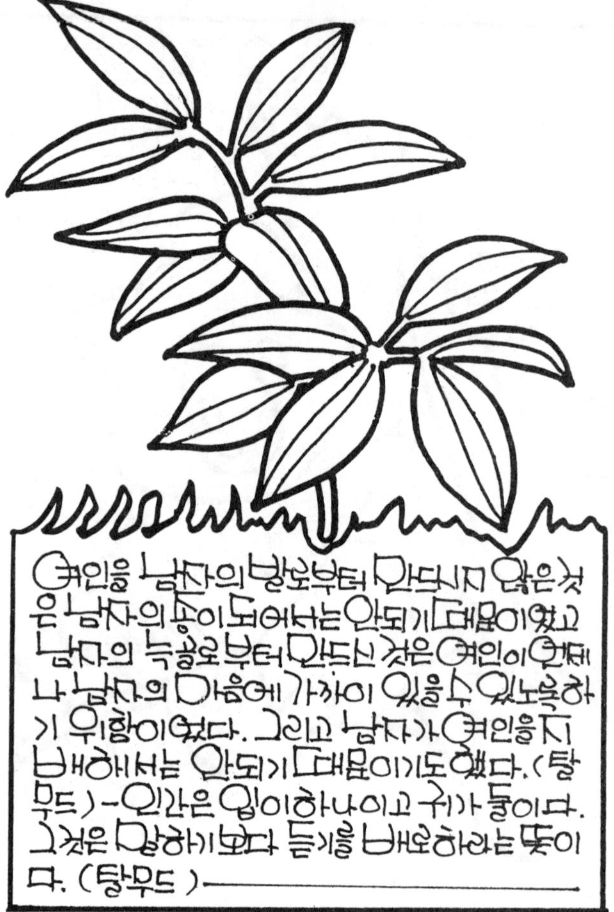

여인을 남자의 발로부터 만드시지 않은 것
은 남자의 종이 되어서는 안되기 때문이었고
남자의 늑골로부터 만드신 것은 여인이 언제
나 남자의 마음에 가까이 있을 수 있노록하
기 위함이었다. 그리고 남자가 여인을 지
배해서는 안되기 때문이기도 했다. (탈
무드)—인간은 입이하나이고 귀가 둘이다.
그것은 말하기보다 듣기를 배요하라는 뜻이
다. (탈무드)

온 세상을 알면서도 정작 자기 자신을 모르는 사람이 많다. (라 퐁테느) - 입에 술이 들어가면 비밀이 밀려 나오게 된다. (탈무드) - 어떠한 남자라도 여자의 매혹적인 아름다움에는 저항할 수 없다. (탈무드) - 남자가 여자에게 언뜻 끌리는 것은 하나님께서 여자를 만드실 때 남자로부터 늑골을 취하였으므로 자기가 잃어버린 늑골을 되찾으려 하기 때문이다. (탈무드) —

모든
현대인들은
인간으로서의 품성을 부끄러우고
창세기의 아담과 이브를 옮겨 놓은 듯
한 무지하고 답답한 인간으로 변조시키는
낡은 돈! 현대에 인간은 본성을 잃고
맹목으로 ㄷ 몇처리 기계적인 ″양형
인간이 난무하는 시대이다. <로렌스>
「채털리 부인의 사랑」에서

사람은 누구나 그가 하는 말로써 자기의 사상을 나타낸다. 원든 원치 않든 그 말 한마디에 따라 상대에게 자기의 표상을 그려 놓는 것이다. <에머슨> —
대인관계든 비지니스 관계든 상대에게 첫인상은 표정과 말에서 나타난다.

여기 언젠 두 사람이 있 다. 그들은 어디로 보나 건강한 몸과 마음에 미래가 빛나 보였다. 그 런데 세월이 지난 뒤에 보니 한 사람은 뛰어난 사 람이 되어 있었고 다른 한 사람은 낙오자가 되어 있 었다. 이 두 사람의 거리는 너무나 큰 것이가 나왔 었다. 이것은 하루하루를 얼마나 유익하게 보냈느냐, 얼마나 허송세월을 보냈느냐의 결과였다. (프랭클린)

젊은 이들은 일생이 한없이 긴 것으로만 생각한다. 그러나 노인들은 그 젊은 날의 시간들이 얼마나 허무하게 빨리 지나갔음을 이야기한다. 젊은 시절을 헛되이 보내서는 안된다. 모든 것의 진리는 젊었을 때 열심히 탐구해야 한다. 젊음은 그 자체 만으로 빛이다. 젊은 시절 열심히 찾고 구하는 사람은 늙어서 풍성하다. (괴테)

인생의 목적은 행동에 있으며 그것은 사상이 아닙니다. <카아라일의 영웅숭배론에서>

양심이란 어
늘 자기의
떠 책임을 느
낀다. 인간
의 사명은 우
선 그의 책임을
느끼는 데에 있
다. (샹포르)

내가 헛
되이 살았다고
생각되는 것은 웃
음이 없었었던 날들
이었다.
(샹포르)

미인은 눈을 즐겁게 하고 양처는 마음을 즐겁게 한다.
(나폴레옹)

인간은 매력이 있는가 없는가의 둘로 나누어질 뿐이다. 좋은 인간을 사람과 나쁜 사람으로 나누는 것은 무의미하다. <오스카 와일드>

바쁜 사람은 눈물을 흘릴 시간이 없다. <바이런>
그 자신을 애정스러운 ... 나쁜 ... 에 대한 병이 필요한 것이다.

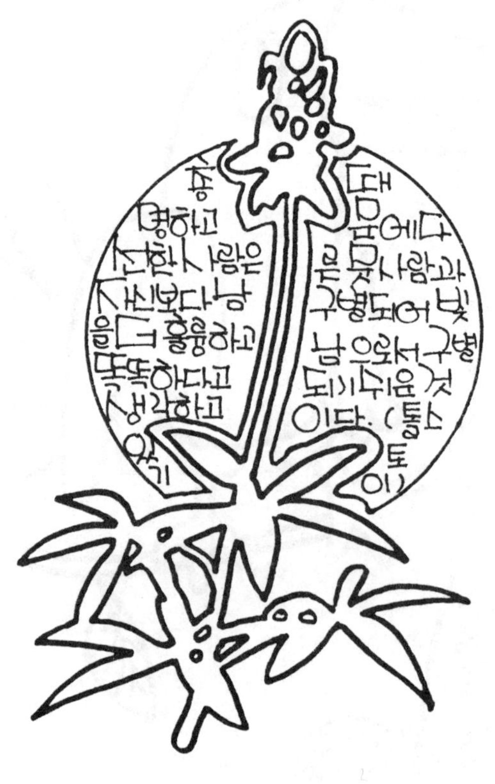

현명하고
선한 사람은
자신보다 남
을 더 훌륭하고
똑똑하다고
생각하고
있기
때문에
는 뭇 사람과
구별되어 구별
남으와
되기쉬움
이다. (톨스
토이)

톨스토이
무엇이 좋고 무엇을 필요로 하는가를 결정하는 것은 남들이의 삶고도 행동도 아니며 또는 진보역시 아니다. 그것은 무엇보다도 자기와 자신의 마음에 달려있는 것이다.

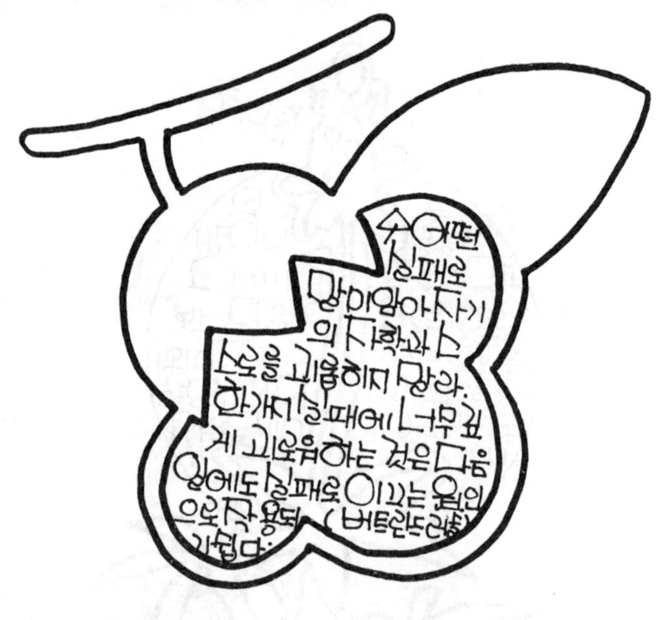
어떤
실패로 말미암아 자기
의 자학과는
수요을 괴롭히지 말라.
한 가지 실패에 너무 깊
게 괴로워하는 것은 다음
일에도 실패의 이끄는 원인
으로 작용되 (버트런드러셀)
기쉽다.

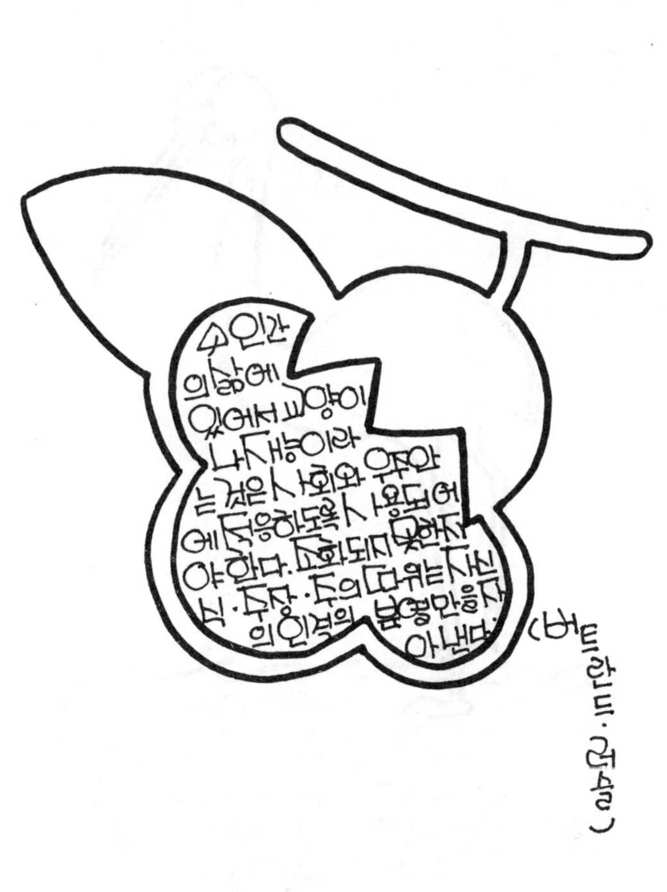
인간
의 삶에
있어서 교양이
나 재능이라
는 것은 사회와 우주
에 적응하도록 사용되어
야 한다. 교화되지 못해서
지·도장·도의 따위는 자신
의 인격의 붕영만을
아낸다.
(버트란드·럿슬)

행동과 실현에는 언제나 자기 극복이 따른다. 자신의 조그마한 자기를 버리고 전진하는 것이 인간의 매력이며 평범에서 비범으로 죄인에게는 영웅으로 자신을 키워 나아갈 때만이 인간은 가치롭다는 의미이다. <영웅숭배론의 의미>

정열은 인간을 되살리는 생명의
추진력이다. <상포의> - 인간은 누구나
가끔 권태를 맞곤한다. 정신이 축 늘어진
상태, 바람 빠진 풍선과 같은 상태, 곧
권태는 정열이 식음을 의미한다. 정열은
그러한 권태를 날릴 수있는 약이다.

우리는 남의 돈만큼 행복하지 못하다. 그것은 명확한 사실이다. 그의 마음이 얼마나 평온한가가 행복의 척도이다. 만약 그 돈을 부정으로 얻었다면 이미 그 마음 음곡에는 상처가 나 있을 것이다. <빙리·그래엄>

돈이란 뜻있게 쓸줄 아는 사람만이 그 돈의 주인이랄 수 있다. 모을 줄만 아는 사람은 창고지기이고 돈만을 사랑하는 사람은 돈의 하인이며 쓸줄만 아는 사람은 그 돈의 노예일뿐이다.
한편으로 돈을 멸시할 줄도 아는 것이 담력되게 혜다. <페트라르카>

거짓을 거짓으로 보답되고 양님은 양범으로 보답된다.
상대방의 집님을 바라거든 먼저 정님을
표시하라.
＜토마스 만＞

거짓으로 말하여 자신을 지킬 수 없다. 도금이 벗겨지면 언제나 때가 드러나게 되려나게 때 법이다. <지드>

요우의 눈으리는 불순하고 사물의 모습
을 느 뒤틀리게 한다. 우
리가 아무것도 구하지
않을 때 보는 순수한
관상의 때
비로소 사물의
영혼 속에
음다운 모습
을 나타내
는 것이다.
헤세

헤겔
계절의
형태는 구상화되고 현
방성을 가지기전에
이미 세능가
의 영화 속
에상으로
표재하여
있다. 그
상. 그
원형은
옛날
의
철학자가
이데아라
고 이름한
과 꼭같
다.

「나」라는 것은 아직 미지의 육지이다 그 육지를 향해서 나는 떠나는 것이며 어디서 무엇
을 방견할 지는 하느님만이 아신다. 나는 34세의 답답한 사나이 일개의
향해자일 뿐이다. <셔우드·엔더슨>

그래도 너의 길을 가
라 남이야 무엇을 하
든 말든 버려두고 너
의 길을 가라. <단테>

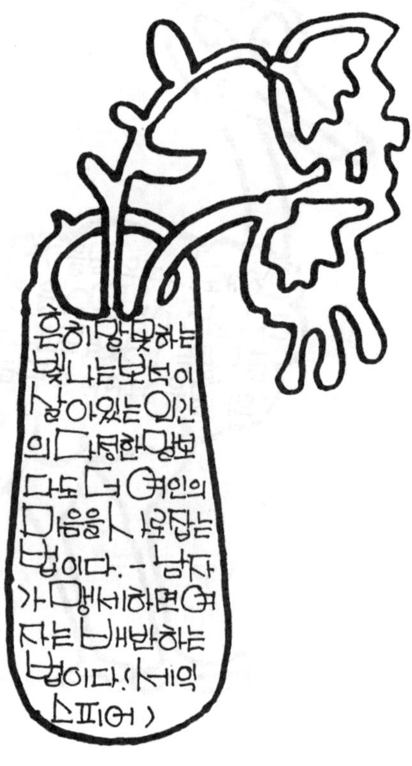
흔히 자랑못하는
빛나는 보석이
살아있는 인간
의 □ 다정한 맹보
다도 더 여인의
마음을 사로잡는
법이다. - 남자
가 맹서하면 여
자는 배반하는
법이다.(셰익
스피어)

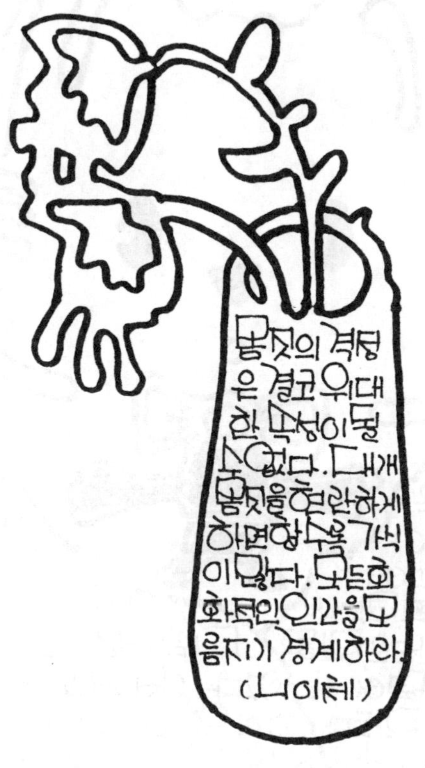
높음의 격렬
은 결코 위대
한 목성이 대
개 없었다. 대개
높음을 현란하게
하면상 그씩 그악기
이많다. 모든회
화력인 인간을 모
름지기 경계하라.
(니이체)

열 마듐도
라고 계산할
수있는 사랑은
빈약한 사랑이
다. (셰익스피어)
사랑은 어떤 면에서
약속을 인간으로 만들고
한편 또 다른 면에서는
인간을 약속으로 만든다.
(셰익스피어) - 신
은 그대에게 하나의
얼굴을
주었다. 어
나 그대는 그대
의 손으로 흉칙한
다른 얼굴로 바꾸어버
렸다. (셰익스피어) - 대
개의 우정은 가식이며 대개의
사랑은 어리석음에 지나
않는다. (셰익스피어)

우리는 결코 간과해서는 안될 하나의 사실이 있다. 그것은 지금 우리가 대처해 있는 곤혹한 상황 또는 어쩔 수 없는 막다른 곤란한 처지를 우리가 모르는 어떤이는 능히 그것을 이겨내고 있는 점이다. (노만·V·필)
사람들은 대개 자신들의 재능이나 무덤을 맞으려 만 가지 중요한 재주와 무덤이 바로 신념이라고 사람을 모으고들 있다. 그로 신념이 강하면 그것으로 충분할 것이다. (노만·V·필)

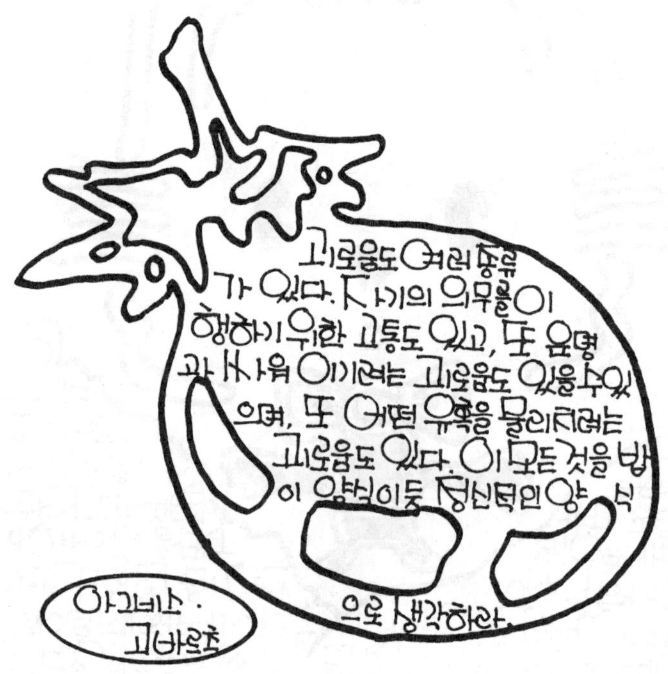

괴로움도 여러 종류가 있다. 자기의 의무를 이행하기 위한 고통도 있고, 또 운명과 싸워 이기려는 괴로움도 있을 수 있으며, 또 어떤 유혹을 물리치려는 괴로움도 있다. 이 모든 것을 밥이 양식이듯 정신력의 양식으로 생각하라.
아그네스·고바르츠

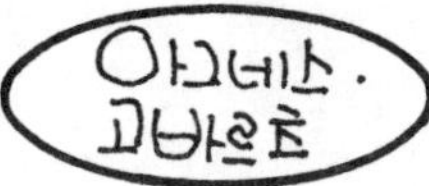

아그네스·
고바흐트

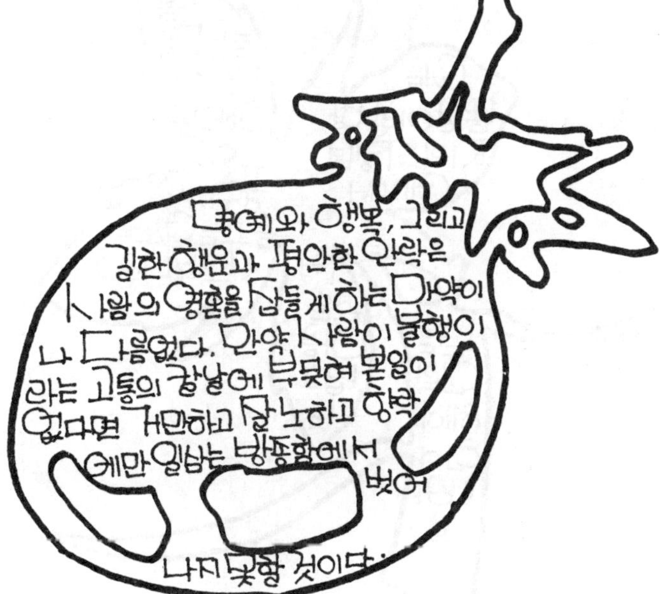

공예와 행복, 그리고
길한 행운과 평안한 안락은
사람의 영혼을 잠들게 하는 마약이
나 다름없다. 만약 사람이 불행이
라는 고통의 칼날에 부딪혀 볼일이
없다면 거만하고 잘 노하고 향락
에만 일삼는 방종함에서 벗어
나지 못할 것이다.

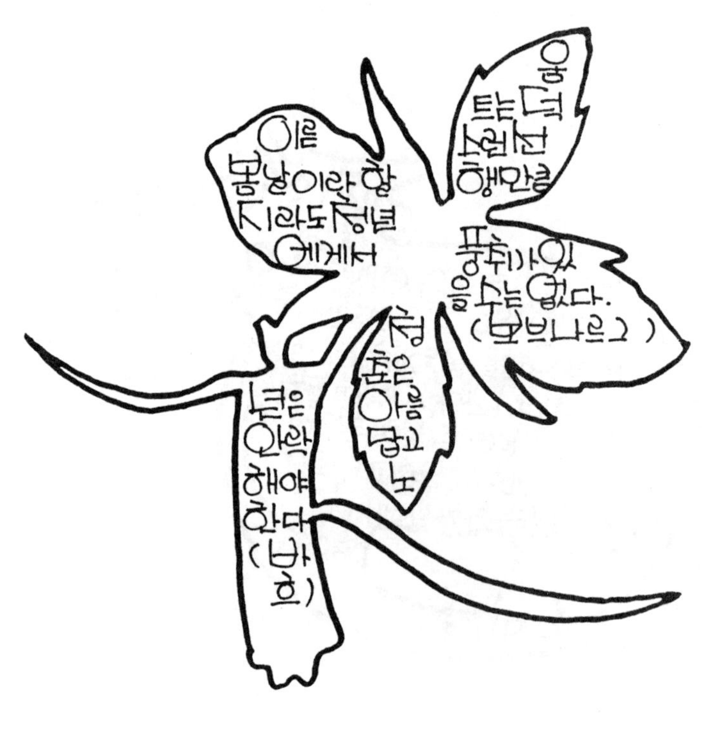
이름 봄날이란 할 지라도 청년 에게서
욷덕 건설된 행만큼 풍취가있 을 수는 없다. (모브나르그)
춤은 아름답고
년은 안락 해야 한다 (바흐)

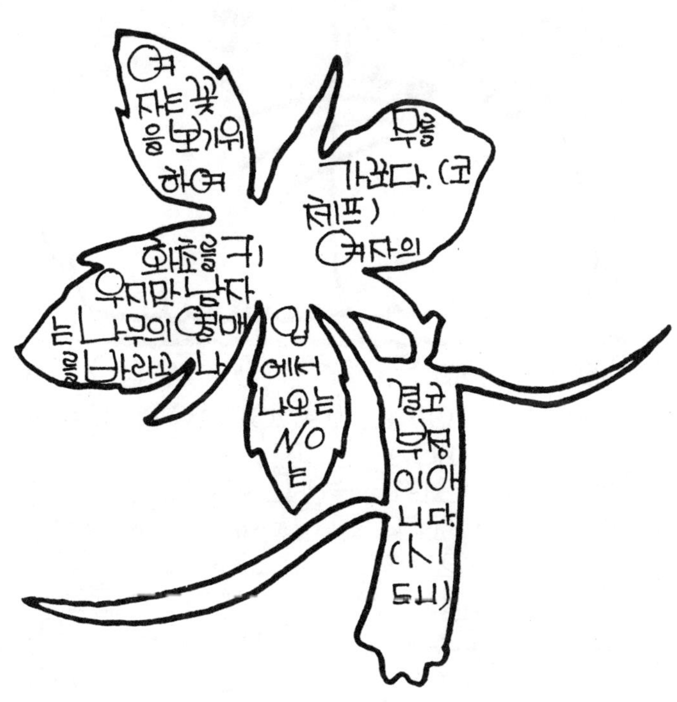

예술가가 자기의 창작을 하고 있는 동안은 그이는 한 사람의 종교가이다. (쇼펜하우스) 삶이 꿈이고 죽음이 깨달음이라고 한다면 내 자신이 다른 모든 이들로부터 이외의 특별한 대우를 받는 존재라고 여기는 그 사상표러 역시 꿈에 지나지 않는다. (쇼펜하우어) - 인생에 있어 태어난 후 40년은 우리들에게 테스트를 두고 그 이후의 30년은 그 테스트에 대한 주석을 단다. (쇼펜하우어) - 하루날인 생에 있어 작은 하나의 생애라 볼수있다. 잠자리에서 일어나는 것이 탄생이요 아침은 청년기 오후는 장년기 밤은 노년기 이윽고 잠들면 그날의 생은 마감하는 것이다.

외부의 어떤 스포츠 또는 놀이가 아닌 어떤 여행에 마음을 얻고 정작 자기속의 행복을 갉꾸어왔던 부부의 행복의 샘을 퍼쓰 못한이는 늘 불평온 펴지 못한다. 그러므로 행복하려고 하는 이는 우선하여 스스로 행복하게 되려고 결심하여야 한다. (알랭) — 사람들은 행복을 자기 몸에 맞도록 만들어 가져 하며 않고 이미 만들어진 행복을 밖에서 찾고 싶어한다. 그에게 있어 행복이란 자신 스스로 눈을 뜨게하고 많은 적공과 집요한 노력과 본 고통이라는 다리를 건너야만 얻을수 있게되어 있다.

(알랭)

우리의 높은 주의로써 해방사
회의 사상을 대하지 않으면 아니된다. 우리는 우리들
의 의견에 얽매이는 일이 있어서는 안된다. 높은 견
해를 거부하고 새로운 의견을 섭취하지 않으면 안된
다. 우리는 편견을 버리고 완전히 자유로운 머리로써
모든 것을 판단할 줄 알아야 한다. 풍향의 변화도
관찰하지 않고 언제나 똑같이 돛을 달고 있는 사공은
언제까지고 목적지 않에 이르지 못할 것이다.

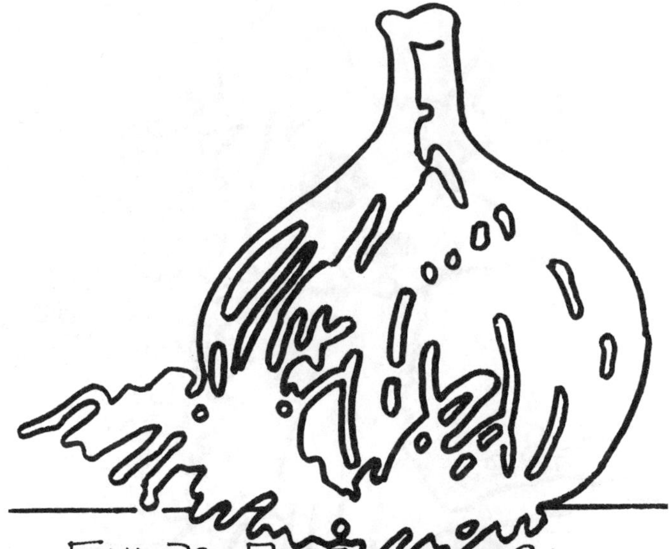

진실한 교육의 목적을 든다 ─ 면 인간에게
억지라도 선행을 하게 하는데 있을 뿐 아니라 그 속
에서 희명을 찾아내게 하는 데도 있다. 결백한
사람을 만드는데도 있을 뿐 아니라 그 결백을 사랑
하게 하는 데도 있다. 또, 정의로운 사람을 만드는데
만 있는 것이 아니라 정의를 갈구하게 하는 데도
있는 것이다.   < 러스킨 >

슬퍼 상한 마음이여, 마음 아프게 후회하지 말아라. 먹구 뒤에는 내일이면 비힌 태양이 빛나고 있더라. 너의 운명은 누구에게나 있는 공통된 운명이다. 얼마만큼의 비는 어느 누구의 인생에 있어서도 내리는 법이다. 누구나 얼마만큼의 기쁨과 고통의 어둠속에 잠기지 않으면 안되는 것이 인생이는가.
(롱펠로우)

폭풍의 늪판에도 꽃
은 있고 지면 않어
나 폐허의 땅
에도 봄이 있
고 토목에서도
풀은 돋아난다.
이같이 자연
은 절망속에서
도 씩씩한 생명
의 싹을 틔어낸
다. 우리도 이
같이 어떠한
절망속에서
라도 씩씩한 사
명의 싹식임
에 따뜻하게
귀 기울여야
한다. (바
이어스)

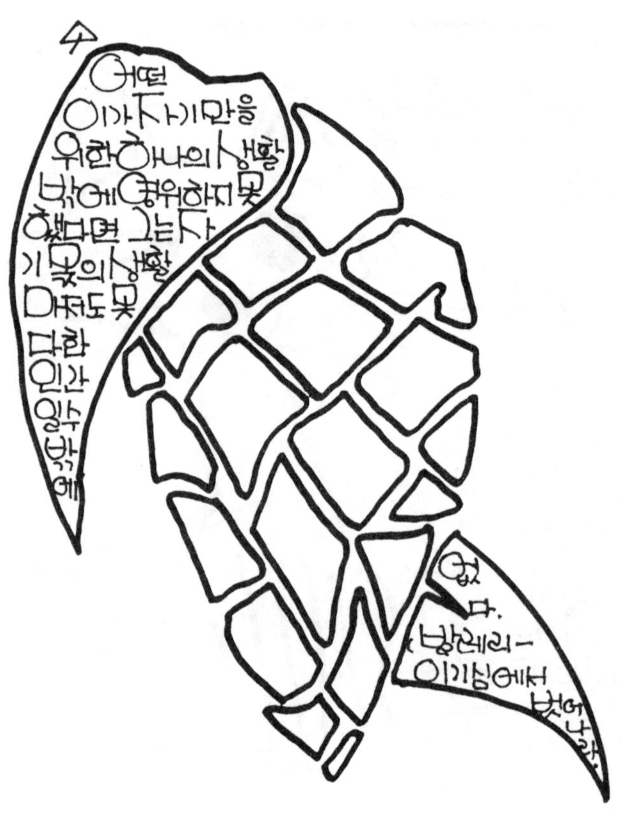
어떤 이기주의만을 위한 하나의 생활 밖에 영위하지 못했다면 그는 자기 곁의 생활 때문도 따란 인간 일수 밖에 없다.
《발레리—이기심에서 벗어나라》

인간은 태어날 때 근심을 함께 가지고 태어난다. (장자)
생활을 영위하는 것도 하나의 예술이다.
예술작품의 창작과 그 미묘함이 같이
(플리니)

총에 맞
음 상처는 나
을 수 있지만 그
러나 사람의 입으
로 인한 상처는 아물 수
없는 것이다. <페르시아
의 격언> - 말은 언제나
신중해야 한다는 뜻.

고오와 실책으로 너무 자신을 자책하지 말라. 자신의 고오를 아는 것처럼 교훈적인 것은 없다. 그것은 보오지기 함양을 위한 조오한 방법의 하나다.
<카알리>

美
미덕은 정열을 희생시킴이 바르다고 함으로써 자기자신의 품위를 떨어뜨린다. (격하시킨다) 볼테르

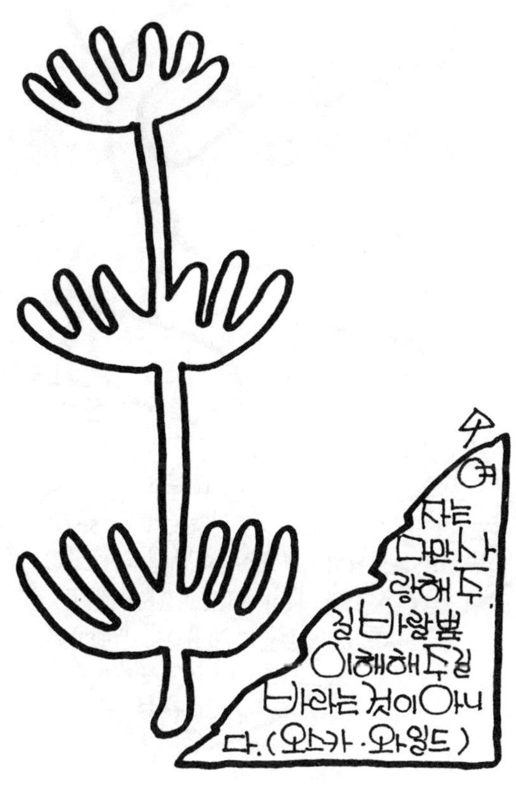
여자는 다만 사랑해주길 바랄뿐 이해해주길 바라는 것이아니다. (오스카·와일드)

벗어
나지 못할
것이다. (아
그네스·고왈
드)
영혼이 잠들어
있으면 황혼이
둔감해진다. 만
약에 인간이
불행이라
고 했다면, 언
젠가는 부딪쳐
는 일이 없다면.
떼까마귀만하고
화도 잘 내고 향락과
주색과 방종한 욕
망의 구렁
에서

행복이란 그 사람 자신마다의 철학인 것이다. 그것은 우연히 외부에서 얻는 운명의 힘은 아닌 것이다. (칼·메닝거)
오고 현재는 화살처럼 재빠르게 달아나고 과거는 영원히 말없이 서 있다. (쉴러)
인간은 세월의 철을 것이이다. 미래는 주춤하며 다 려

어떤 불행은 오히려 희망의 뿌리가 묻어 죠다. 불행을 슬퍼하지만 말고 불행을 새로운 출발점으로 삼아라. 특히 불행에 굴복하지 말고 불행을 이용하여라. (발자크)

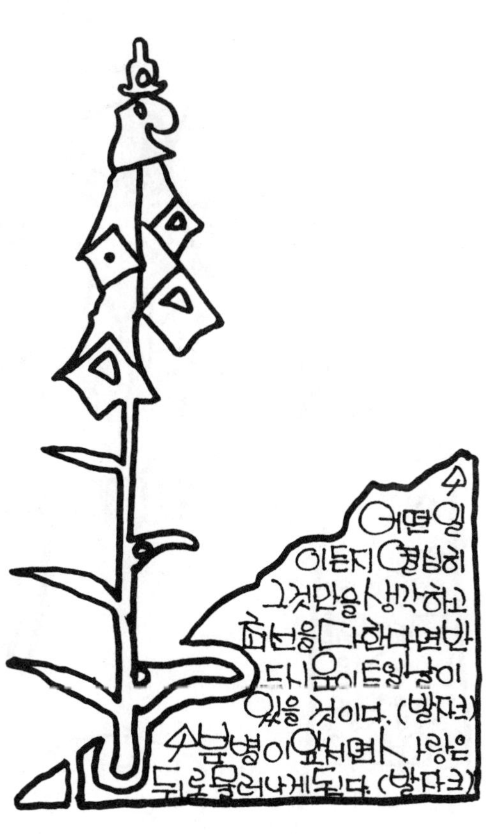

※ 어떤 일
이든지 열심히
그것만을 생각하고
힘을 다한다면 반
드시 얻어 틀림없이
있을 것이다. (발자크)
※ 분별이 앞서면 사랑은
뒤로 물러나게 된다. (발자크)

한 마리의 새가 우리의 머리 위를 나는 것을 막을 방법은 없다. 그러나 그 새가 우리의 머리 위에 집을 짓
는 것을 막을 힘은 우리에게 있다.〈루터〉

그릇된 생각이 가끔 우리의 머리 위를 스치는 것은 불가피한 것이며 인간의 머리란 답 생각이 많 매우 늘어 닥치
기 마련이다. 그러나 그릇된 생각을 쫓아 버리는 힘, 또한 힘이 우리에게 있다. "루터"

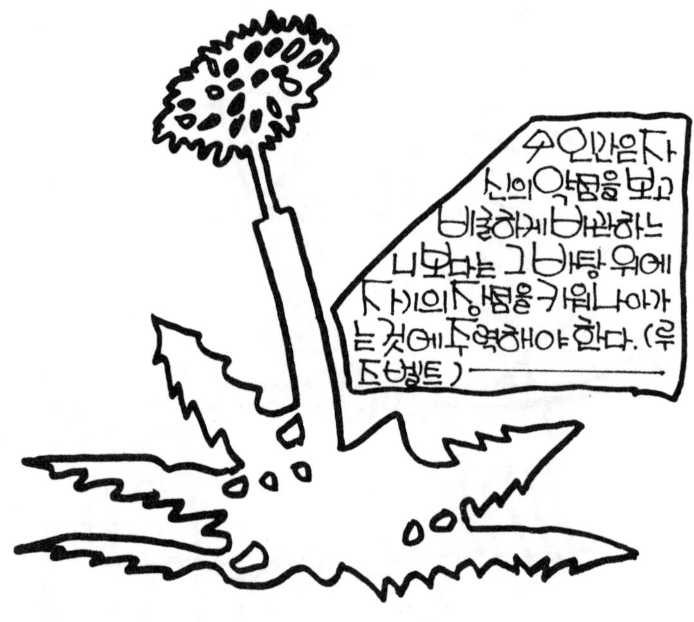
우인간은 자신의 약점을 보고 비굴하게 바라하는 니보다는 그 바탕 위에 자기의 장점을 키워나아가 는 것에 주역해야 한다. (루즈벨트)

☆ 인간의 얼굴은 하나의 풍경에 비유될수있다. 그것은 한권의 책이기도 하다. 용모는 거짓이든 참이던 결코 거짓말을 하지 않는다. (발자크)

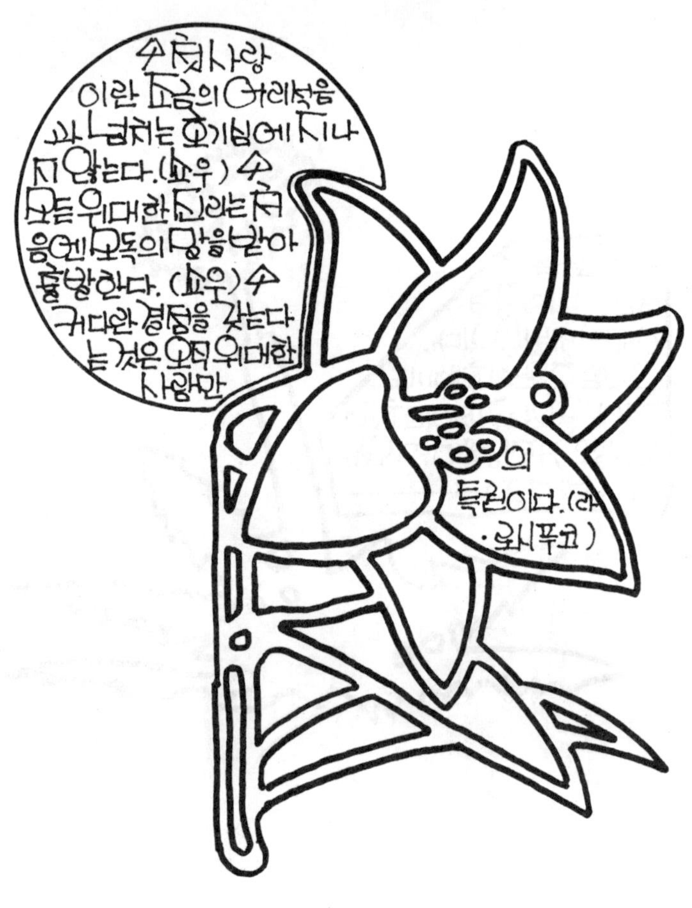
순정사랑
이란 지금의 어리석음
과 넘쳐는 호기심에 지나
지 않는다. (쇼우) ✿
모든 위대한 진리는 처
음엔 모독의 말을 받아
출발한다. (쇼우) ✿
거대한 경멸을 갖는다
는 것은 오직 위대한
사람만
의
특권이다. (라
·로시푸코)

☆인간은
그자신이 미덕을
많이 갖추었다 하더라도
일단 허영밖에서 오만하게
되면 모든 것이 흔들리고
만다. 허영과 진실은
결코 부부가 될수없다.
(도오) ☆ 유능한인간
은 한다. 무능한인간
은 시키다. (쇼우)

앙드레 모로아

성급히 굴지 말라. 행복은 일순간에 생겨나 일순간에 사라지는 것이다. 그대 앞에 있는 장애물을 달게 받아 극복으로 기쁨을 느껴라.

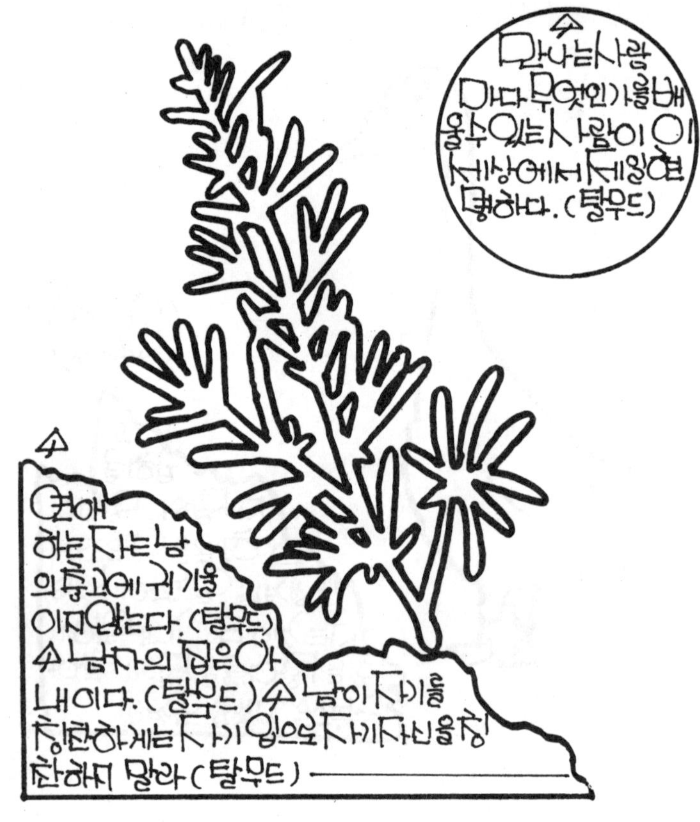
만나는 사람마다 무엇인가를 배울 수 있는 사람이 이 세상에서 제일 현명하다. (탈무드)
연애하는 자는 남의 충고에 귀기울이지 않는다. (탈무드)
남자의 집은 아내이다. (탈무드)
남이 자기를 칭찬하게는 자기 입으로 자기자신을 칭찬하지 말라 (탈무드)

신은 명랑한 자에게 축복을 내리신다. 낙관은 자신뿐 아니라 이웃도 밝게 해준다. (탈무드)
완전 허영심은 자보다 반허영심은 자까닭 허영심다. (탈무드) 수 있을 다 물을 모르는 자는 남이 닫히지 않은 집과 다름이었다. (탈무드) 수 인간은 도구을 사용하는 동물이다. (카알라일)

엘리어트는 1948년에 노벨 문학상 수상
당신들은 무엇을 마음에 드는간다를이다. 그들은 양심도 없고 더욱 남을 비평하지도 않는다. - 엘리어트 (1888~1965) 미국 태생의 영국시인, 평론가

어리석은 자는 수치스러운 일을 할 때에도 그것이 언제나 자기의 의무라고 선포한다 — 버나드쇼 (1856-1950) 20세기 최대의 영국 극작가 — 시저와 클레오파트라

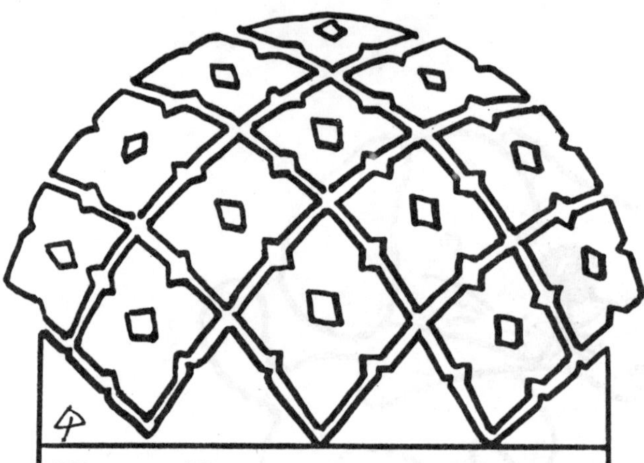

명예란 물위에 뜬 무늬와도 같다. (세익스피어) ▲ 말이 소용없을 시에는 순수하고진지한 침묵이 설득시킨다. (세익스피어) ▲ 남자는 대리석의 마음을 가지고 있고 여자는 밀랍의 마음을 가지고 있다. (세익스피어) ▲ 성취치 못할 낫을 갖기보다는 차라리 당당히 맞설수있는 적을 갖는편이 낫다. (세익스피어) ▲ 후회! 이것이야 말로 비겁하고 약한 짓이다. (세익스피어) ▲ 인간에게있어이세상은 어디나 무대이다. 그리고 모든 인간은 그곳에서는 배우일 뿐이다. (세익스피어)

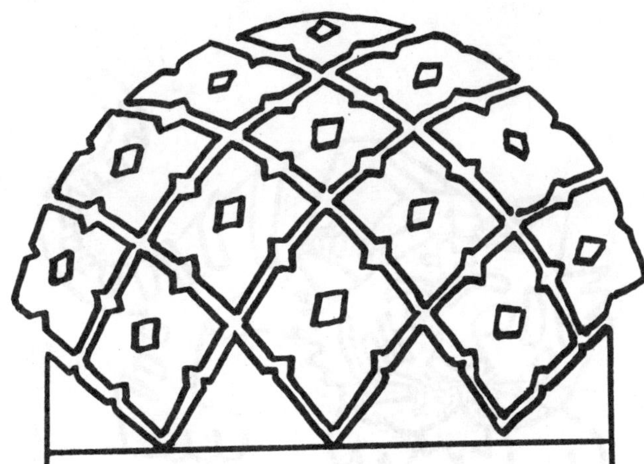

☆ 평화는 예술의 보모이다. (셰익스피어) ☆ 좋아하는데 이렇다할 이유가 없을 때는 미워할 때도 이렇다할 근거가 없을 것이다. (셰익스피어) ☆ 인간에게 있어 우지보다 더한 암흑은 없다. ☆ 악한 자여! 그대의 이름은 여자로다. (셰익스피어) ☆ 여자란 아름답기 때문에 사랑받고 여자이기 때문에 정복당한다. (셰익스피어) ☆ 따라서 아주 조금만 바라는 것이 피고의 행복으로 접근할 수 있는 첩경이라 생각된다. (소크라테스) ☆ 그대 자신을 알라! 소크라테스

나의
할머님은 늘상 입버릇처럼 이세상
에는 가진자와 안·가진자 두 종류
의 인간들 밖에 없다고 말씀하셨다.
ㅡ세르반테스(1547~1616)스
페인의 풍자 소설가로 우리가 널리 알
고 있는 그의 작품「돈 키호테」에서

1747년 S씨의 아들에게
보낸 편지의 글 중에서 ….

나는 언제부터인가 오늘이
대단한 사람을 한 사람을 알고 있었
는데 그는 언제나 "시간을 조심해라.
왜냐하면 긴 돈은 저절로 조심할 것
이기 때문이다"라고 말했다. ―체스
터 필드(1694~1773) 경의 편지가

사랑은 미묘한
이성에서만
피어오르는 것이다.
동물들은 오직 먹는 것에
만 애욕이 있을 뿐이다.
(밀턴) 우정이란
날개 없는 사랑이
다. (바이런)

생명은
수 一펴이(하
마옵지 않고 쉬운
)와 명료, 이 두가지는
진리의 본질이다. 사랑
명이 있으면 희망도 있다.
죽고난 뒤엔 아무것도
바랄것이 없다.
(프로이드)

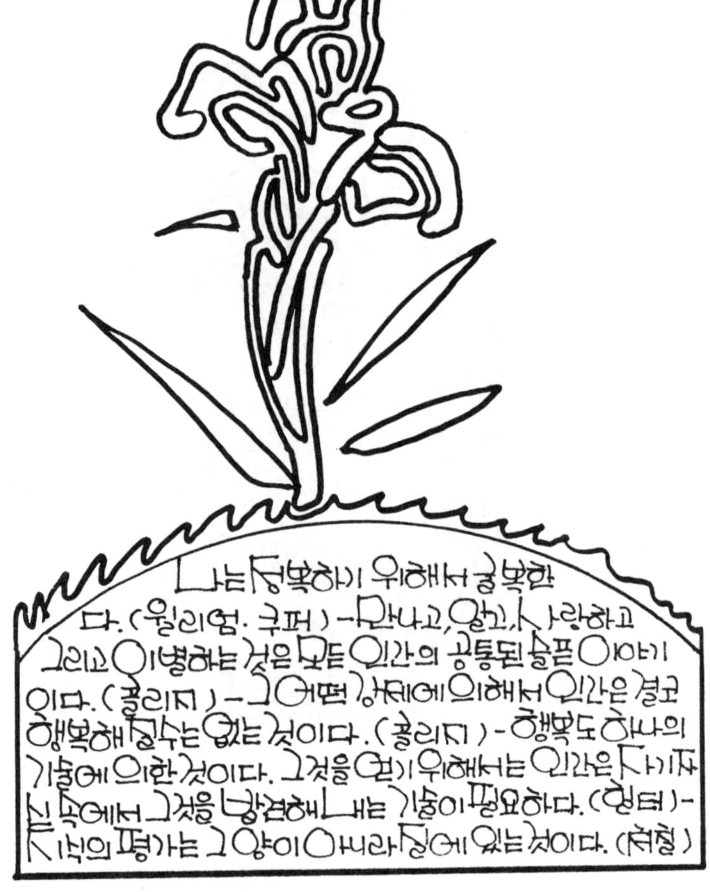
나는 행복하기 위해서 행복하다. (윌리엄. 쿠퍼) - 만나고, 알고, 사랑하고
그리고 이별하는 것은 모든 인간의 공통된 슬픔 이야기
이다. (콜리지) - 그 어떤 ?세에 의해서 인간은 결코
행복해질수는 없는 것이다. (콜리지) - 행복도 하나의
기술에 의한 것이다. 그것을 얻기 위해서는 인간은 시시각각
속에서 그것을 발견해 내는 기술이 필요하다. (알랭) -
사막의 평가는 그 양이 아니라 질에 있는 것이다. (세네카)

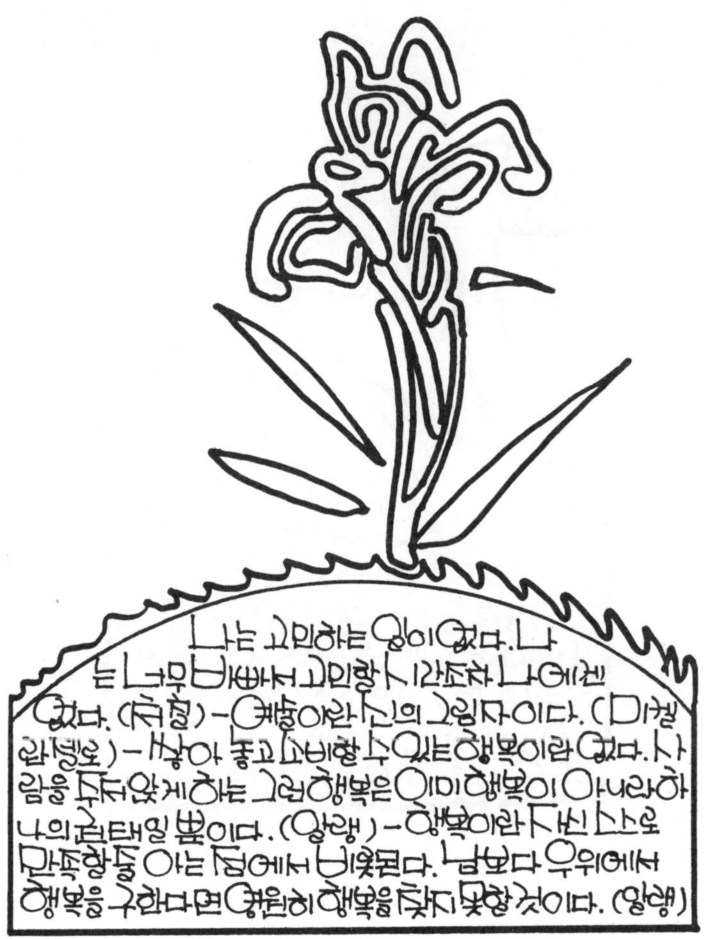

나는 고민하는 왕이었다. 나는 너무 바빠서 고민할 시간조차 나에겐 없다. (처칠) - 계율이란 신의 그림자이다. (미켈란젤로) - 쌓아 놓고 고비할 수 있는 행복이란 없다. 사람을 주저앉게 하는 그런 행복은 이미 행복이 아니라 하나의 권태일 뿐이다. (알랭) - 행복이란 자신 스스로 만족할줄 아는 점에서 비롯된다. 남보다 우위에서 행복을 구한다면 영원히 행복을 찾지 못할 것이다. (알랭)

인생이란 진정 하나의 소설이다. (나폴레옹) ―영화같은 인생", 나(I)란만한 인생은 아마 소설 몇 권 분량일 걸," 이라고들 한다. 많은 소설이고 영화는 사람들의 파란만한 인생을 각색하여 만든 것인데.

능력을 기르는 데는 지식의 섭취가 필요하며 한가지 지식을 얻으면 지체없이 실행하는 습관을 가져야 한다. <헉티> - 깨닫는 것만으로는 무지의 실행보다 못되는 것이기 때문이다.

귀로 듣는 멜로디만큼 아름다운 것은 없다. 그러나 들리지 않는 멜로디는 더욱 아름다운 것이다. (프·키츠)
자연은 무한히 나누어진 신이다. (실러) — 한 번의 공포도 느껴보지 못한 이는 아무런 희망도 갖지 못한다. (윌리엄·쿠퍼)

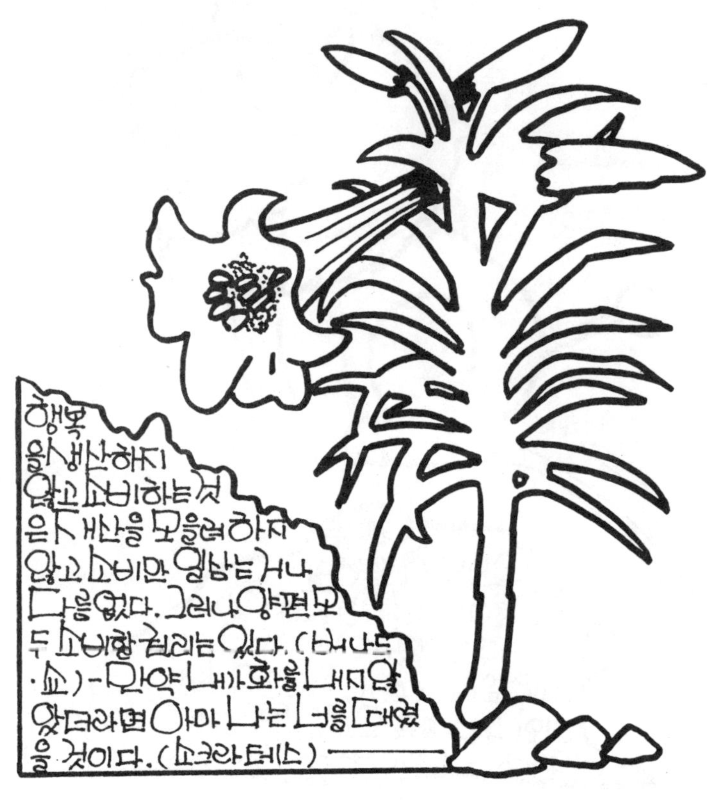

행복
을 생산하지
않고 소비하는 것
은 재산을 모을려 하지
않고 소비만 일삼는거나
다를없다. 그러나 양편모
두 소비할 권리는 있다. (버나드
·쇼) - 만약 내가 화를 내지않
았더라면 아마 나는 너를 때렸
을 것이다. (소크라테스)

역사는
인간을 현명하게
만들어 주고 시는 재치있게
만들어 주고 수학은 제밀하게, 자연
과학은 심오하게, 도덕은 엄숙하게, 논
리와 수사학은 의론을 주장하도록 만들
어 준다. - 베이컨 (1561~1626)

작은 물방울
작은 모래알이 거대
한 대양과 즐거운 대지를
만드는 것이니 아무리 보잘것없는
삶은 시간일지라도 무한한 영원의
시대를 만드는 것이니라 - 카니(
1822~1908) 여시인 '작은 것들'에서

사랑의 반대는 미움이 아니라 무관심이다. 예술의 반대는 추함이 아니라 무관심이다. 믿음의 반대는 이교가 아니라 무관심이다. 생명의 반대는 죽음이 무관심이다. 무관심 때문에 사람은 실제로 죽기전에 죽어버린다. — 위젤의 육체적인 죽음에 앞서서 정신적으로 죽는다는 의미의 말이다. 무관심은 모든 긍정적인 것의 반대이다.

나는 만일 보다 높은
힘이 우리를 지켜주지 않는다면
어느 사람의 가슴에서 얼마나 무서운 생각이
태어날지 모른다는 것을 확실히 알기 때문
에 자기의 힘이나 능력이 있다하여 그것을
자랑하는 오만 따위의 위험한 정도의 짓은
결코 하지 않습니다. - 선의의 말이 좋은 위치를
점유한다면 겸허한 말은 보다 좋은 위치를 점유하여
빛날것입니다 - 괴테

고뇌란 인간
의 활동에 있어서
보다 박차를 가하는 요소
가 된다. 그리고 인간은 그
활동 속에서만 자신들의 생
명을 느낀다. (칸트) 정직은 모
든 것의 근본이다. (스티븐슨)

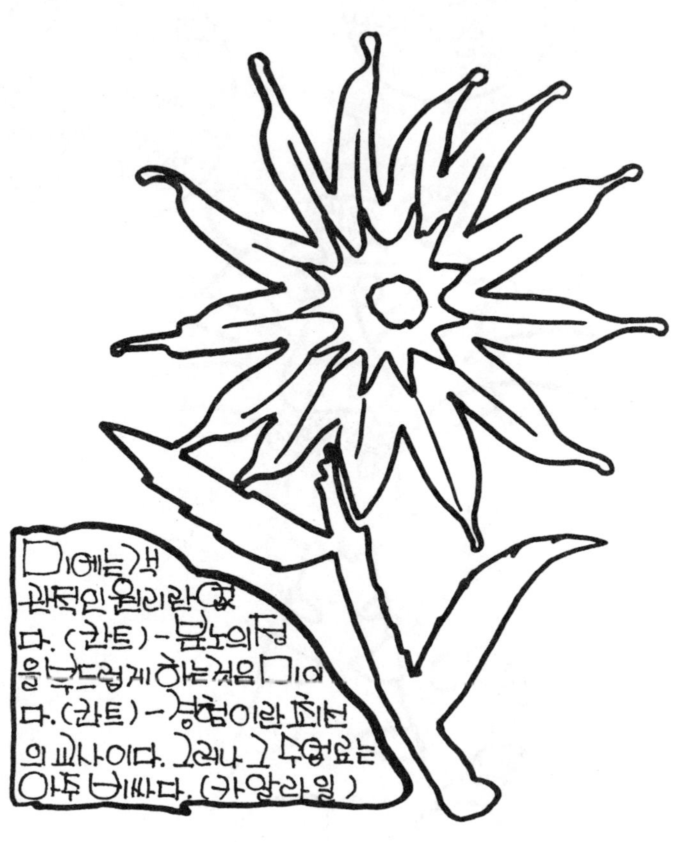

미에는 객
관적인 원리란 없
다. (칸트) - 분노의 정
을 부드럽게 하는것은 미이
다. (칸트) - 경험이란 최선
의 교사이다. 그러나 그 수업료는
아주 비싸다. (카알라일)

블랙스턴(1723
~1780) 영국법
해설서에서
한 사람
의 죄없는 사
람이 억울한 고발
반케하느니 명명
의 죄인을 놓치는
편이 더 낫다.

아침에 잠에서
깨어나 보니
내 자신이
유명해
진 것을 알았다.
바이런 (1788~
1824) 영국낭만파
시의 - 차일드헤롤드
편력으로 일
약유명

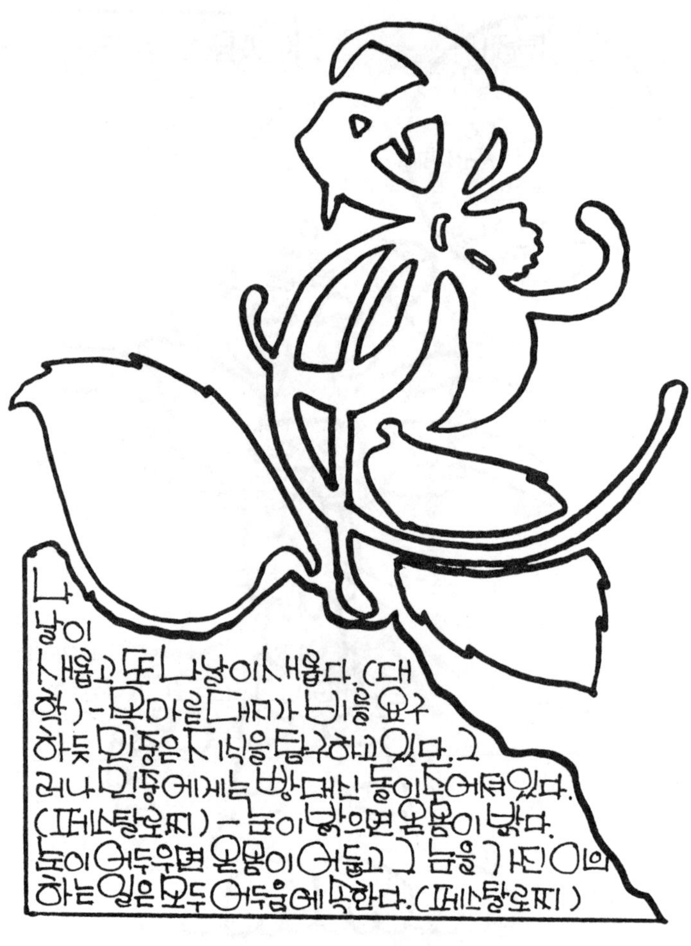
날이
새롭고 또 나날이 새롭다.(대
학)-목마른 대지가 비를 요구
하듯 민중은 지식을 탐구하고 있다. 그
러나 민중에게는 빵대신 돌이 주어져있다.
(페스탈로찌)-눈이 밝으면 온몸이 밝다.
눈이 어두우면 온몸이 어둡고 그 눈을 가린 이의
하는 일은 모두 어두움에 속한다.(페스탈로찌)

너들을 교육하
는 어머니의 모습은 하나님이
내려주신 이땅 위에서 가장 아
름다운 사랑의 표상이다. (페스탈로
찌) - 학교과 계술을 표어와 심장과 같이 서
로 돕는다. 둘중 어느 하나라도 상하게 되면
다른 편도 무사하지 못하게 된다. (톨스토이) -
노동은 생명이며 사상이며 광명이다. (우고)

우리 일상생활 속에는 불쾌한 일과 유쾌한 일, 이 두가지가 항상 뒤엉켜 존재하고 있다. 여기서 불쾌한 일보다 유쾌한 일에 더 집착할 수 있는 것이다. 그것은 우리가 선택할 수 있는 우리의 마음에 달려있다. 그래서 우리 저는 불행도 행복도 함께 우리들을 둘러싸고 있는 항균형을 유지하는 일이 필요하다. 그러며 우리
늘 찡그리는 일 대신 웃을 수 있을 것이다. <메모크리토스>

하루라고 하는 것은 하나의 작은 생애라고 볼 수 있으며 늘 또고 잠자리에서 일어날 때 곧 하루의 시작인 아침이 비로소 그 날의 탄생이라 생각된다. 신선한 아침은 청년기이고, 오후는 장년기, 밤은 노년기인데 이윽고 밤이 깊어 잠자리에 들어가 잠이 들면 인간에게 있어서 작은 하루의 그 날은 죽어버린 것이다. 〈쇼펜하우어〉

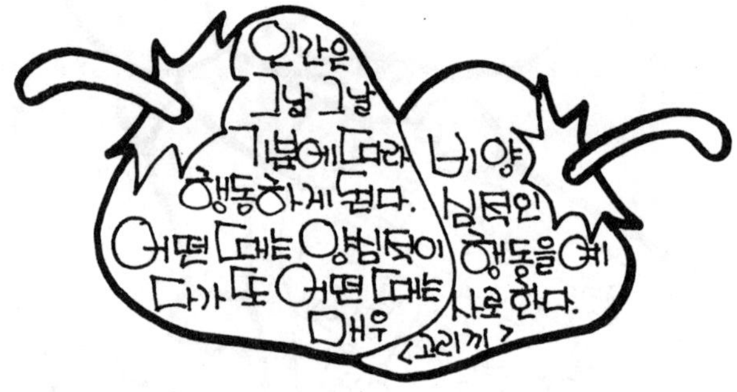

인간은 그날 그날 기분에 따라 행동하게 됩다. 어떤 때는 양심적이다가 또 어떤 때는 매우 비양심적인 행동을 하게 된다.
<고리끼>

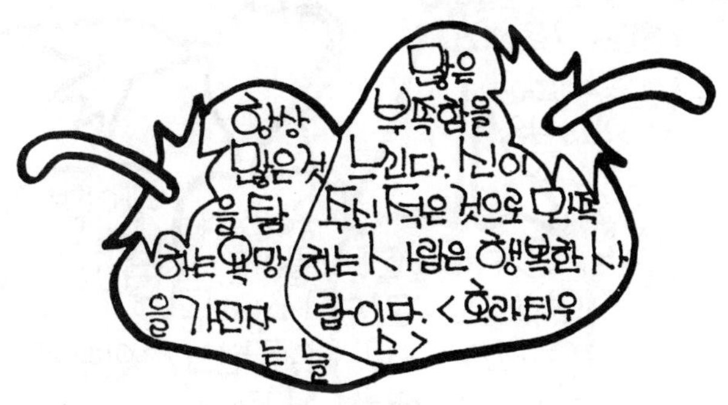
항상 많은 것을 탐하는 욕망을 가진 자는 늘 많은 부족함을 느낀다. 신이 주신 적은 것으로 만족하는 사람은 행복한 사람이다. <호라티우스>

일반적으로 말해서 고통과 ... 은 위대한 사랑과 ... 명의 ... 인공에게는
어머니 ... 의 것이다. (도스토예프스키) — 인간에게있어 ... 기쁨 피대의
승리이다. (플라톤) — 건강한 ... 몸은 당신의 사랑
방이며, ... 맑은 ... 당신의 감옥이다. (베이컨)

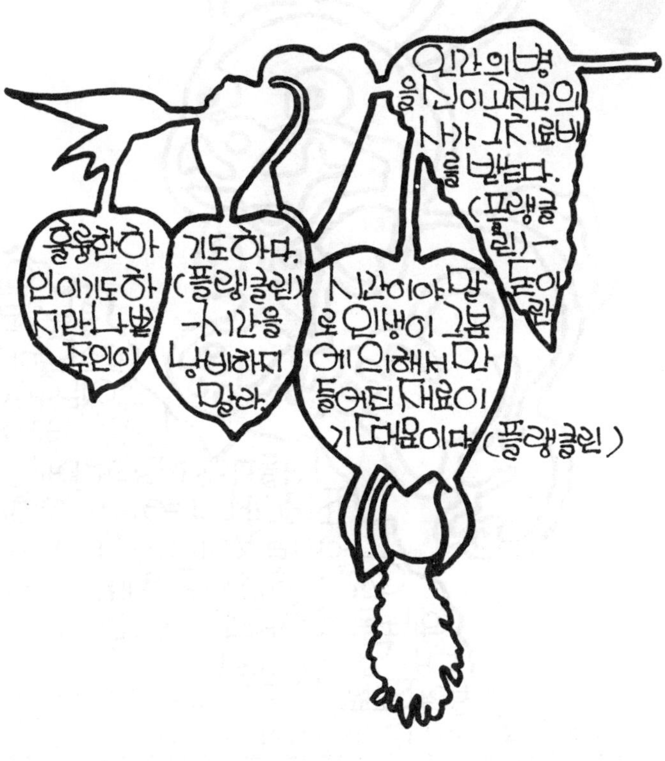
인간의병을 신이고치고의 사가 그치료비를 받는다. (프랭클린)—돈이란
훌륭한하 인이기도하 지만나쁜 주인이
기도하다. (프랭클린) —시간을 낭비하지 말라.
시간이야 오 인생이 그봄 에 의해서만 들어진재료이 기대요이다 (프랭클린)

일을 능률적으로 많이 할 수 있는 요령은 너무 성급하게 서둘지 말고 침착하게 일을 조각조각 나누어서 처리해 나아가는 것이다. (힐티) ——
인간의 표표의 지혜는 자기자신의 노동으로 하루의 빵을 얻어야 한다는 점이다. (러스킨) —청년에게 들려주고싶은 말은 세마디에 그친다. 일하라! 더욱 일하라! 끝까지 일하라! 비스마르크

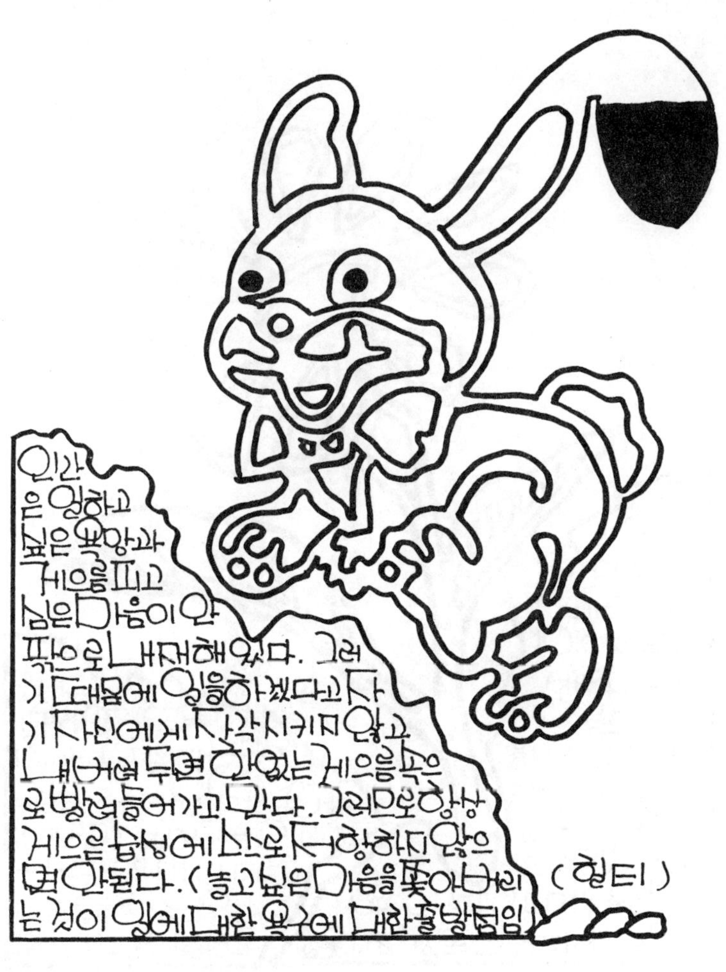
(힌트)

하
나님은
언제나
어디에고
있는 것이아
니다. 그래서
하나님은 인간
에게 어머니를
만들어 주셨다.
(탈무드)-질
투는 엉텬개의
눈을 가지고 있다. 그러나
한가지도 바르게 보지 못한
다. (탈
무드) - 이상적
인 남자란 남성의힘
과 여성의 상냥함을 겸비
하고 있는 사이다. (탈무드)
여자와 싸우려드는 남
자는 우산을 받쳐들고사
움하려는 것과 같다. 탈무드

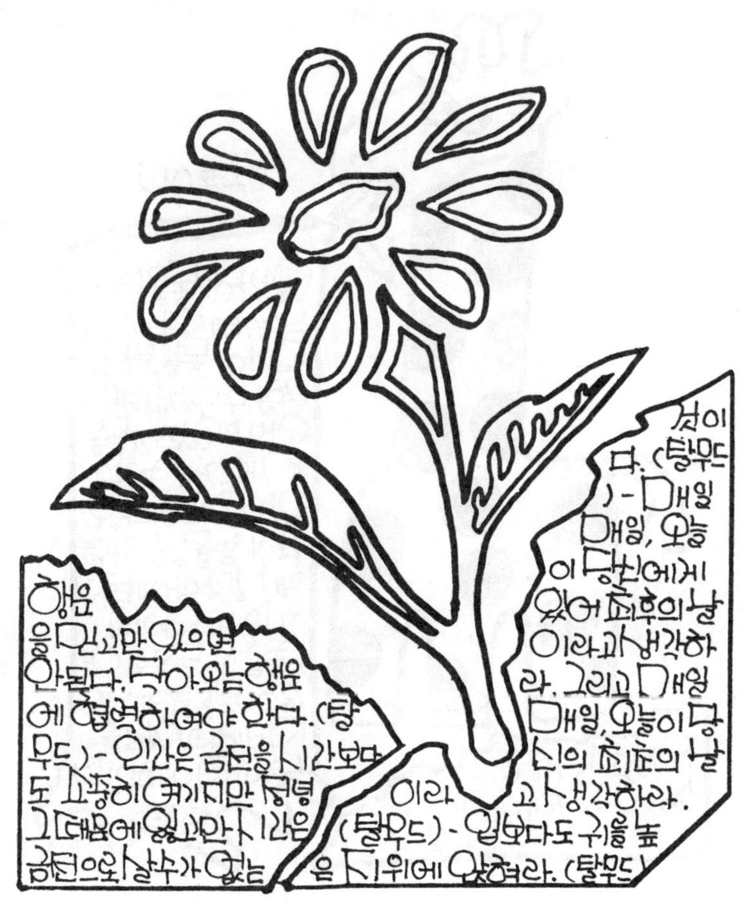
행운을 믿고만 있으면 안된다. 닥아오는 행운에 협력하여야 한다. (탈무드) - 인간은 금전을 시간보다도 소중히 여기지만 불행 그 때문에 있다만 시간은 금전으로 살수가 없는
것이다. (탈무드) - 매일 매일, 오늘이 당신에게 있어 최후의 날이라고 생각하라. 그리고 매일 매일, 오늘이 당신의 최후의 날이라고 생각하라.
이라 (탈무드) - 입보다도 귀를 높음 지위에 앉혀라. (탈무드)

(톨스토이)
인간이 동물보다 위에 있는 것은 인간이 동물들을 사랑할 수 있기 때문이 아니고 인간이 동물을 가엾게 여길수 있기 때문이다. 인간이 동물들을 가엾게 생각함에는 자기 속에서 그러한 동화와 동일의 영혼이 동물들에게도 느끼고 사랑하기 때문이다.
진정한 사랑은 없다, 그 자체이다.
(톨스토이)

멸망하지않는 영혼에있어서는 그 영혼과 똑같이 멸망하지않는 사업이필요할것이다. 영혼에부여된 그사업이란 무한한 사기와 세계를 향해가는 것이다. (톨스토이)
나는 나를 세상으로 보내고 육신을 거두어가는 알수없는 이, 그
봄을 하나님이라고 부르고있는 것이다. (톨스토이)

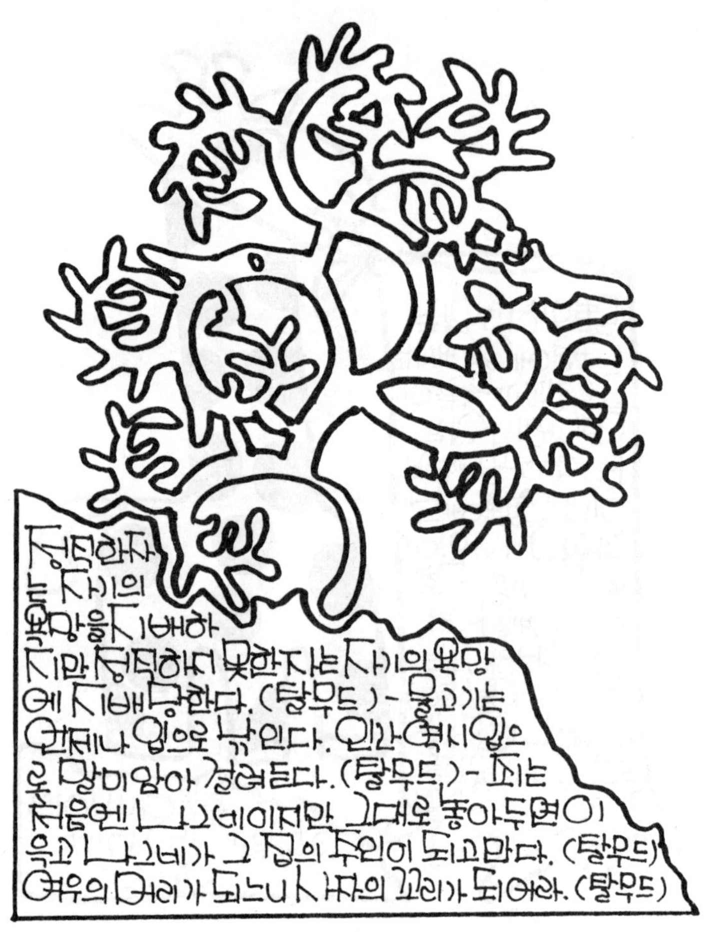
정직한자는 자기의 욕망을 지배하지만 정직하지 못한자는 자기의 욕망에 지배당한다. (탈무드) - 물고기는 언제나 입으로 낚인다. 인간역시입으로 말미암아 걸려든다. (탈무드) - 죄는 처음엔 나그네이지만 그대로 놓아두면 이윽고 나그네가 그 집의 주인이 되고만다. (탈무드) 여우의 머리가 되느니 사자의 꼬리가 되어라. (탈무드)

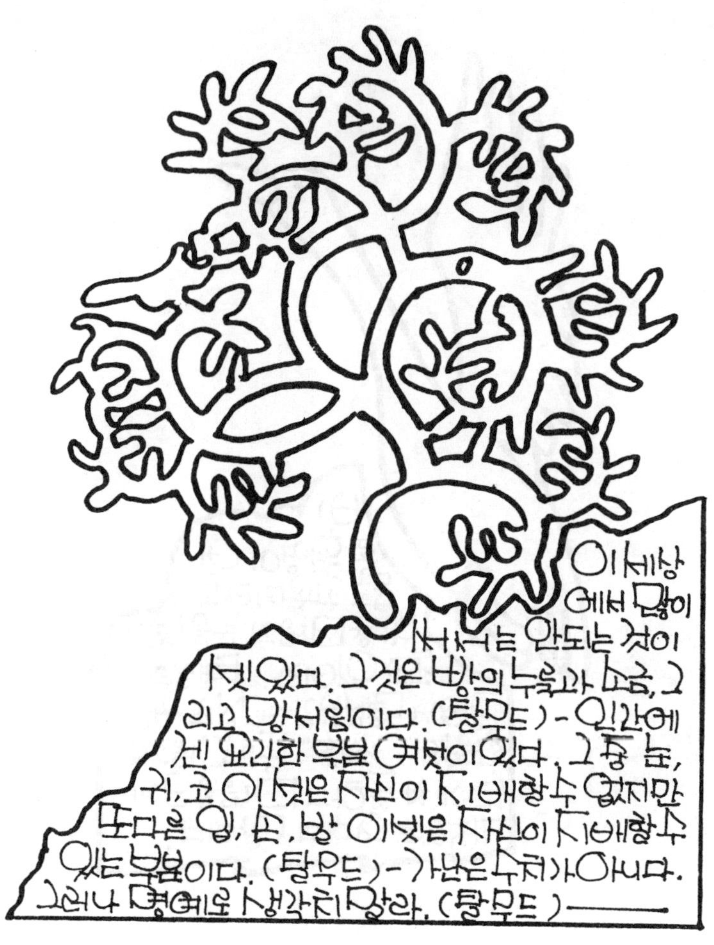
이 세상에서 맘이 써서는 안되는 것이 넷 있다. 그것은 빵의 누룩과 소금, 그리고 망서림이다. (탈무드) — 인간에겐 요긴한 부분 여섯이 있다. 그 중 눈, 귀, 코 이 셋은 자신이 지배할 수 없지만 또다른 입, 손, 발 이셋은 자신이 지배할 수 있는 부분이다. (탈무드) — 가난은 수치가 아니다. 그러나 명예로 생각지 말라. (탈무드) —

비록 환경이 어둡고 괴롭더라도 항상 마음의 눈을 넓게 뜨고 있어라. 태공의 말로써 명심보감에 실린 구절이다. 현실의 어려움은 좁은 마음으로 타개치 못하니 마음을 크게 가지라는 의미의 말이다.

내가 좋아하는 것은 남에게도 요구하지 말라. 동양의 명언으로 이 말은 인간이면 누구나 범하기 쉬운 과오, 즉 아기의 자신을 보지 못한 비양심적인 행위를 경계시키는 말이다.

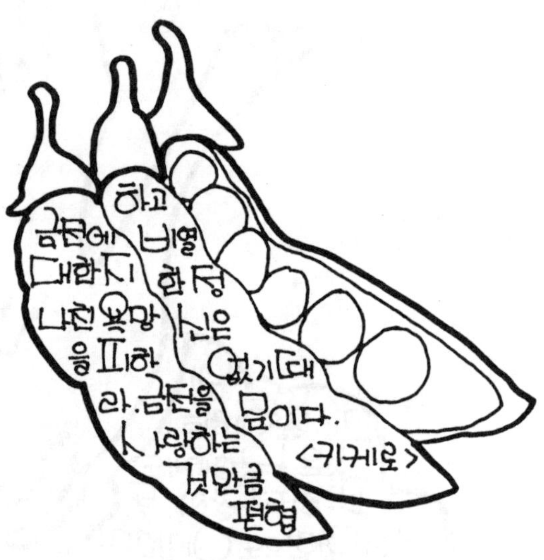
금전에 대한 나의 욕망을 피하라. 금전을 사랑하는 것만큼 편협하고 비열한 정신은 없기 때문이다.
<키케로>

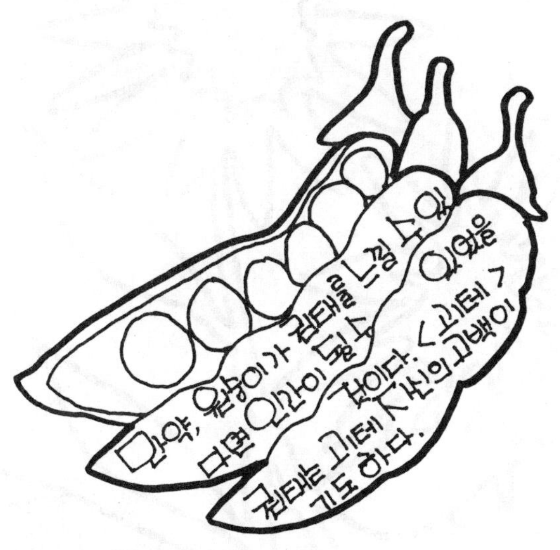

만약, 일광이가 권태를 느낄 수 있었
다면 인간이 될 수 있었을
것이다. <괴테>
권태는 괴테 자신의 고백이
기도 하다.

행운은 날에 너무 방탕하면 그다음에 융택함을 잃는다. 그렇다고 너무 억제하면 그 자리에 융통성이 없어집다. (샹트뵈에브)

아이
들의 희망은
땅과 접촉하여
청년이 되는 것이고
청년은 그 희망이 사나이가
되는 것에 있다. (괴테) -청년
이여 야망을 가져라 (클라크)

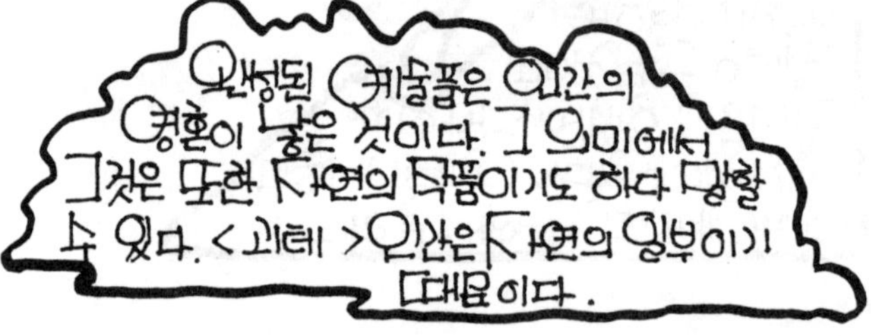
완성된 예술품은 인간의
영혼이 낳은 것이다. 그 의미에서
그것은 또한 자연의 작품이기도 하다. 말할
수 있다. <괴테> 인간은 자연의 일부이기
때문이다.

백문이 불여일견(百聞不如一見)이다. <한서에서 반고가>─
구요. 백번 듣느니 한 번 보느만 못하고 보는
것은 손수 해보느니만 못하다는 의미의 말.

지옥이란 무엇인가. 지옥이란 내가 바라고 말할수있다. 지옥이란 자기스스로 고독한것을 말한다. (T.S.엘리오토)

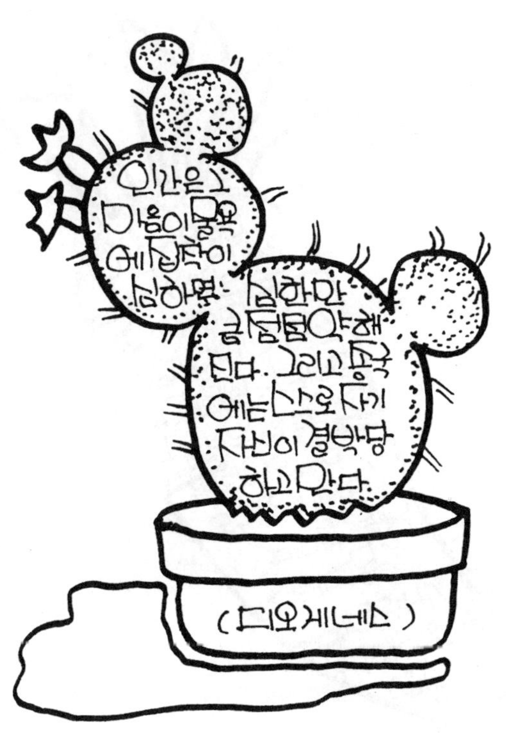

인간은
마음이 몹시
애정적이
심하면 심하만
굽틸틸약해
된다. 그리고 돌
에는 스스로 자기
자신이 결박당
하고 만다.
(디오게네스)

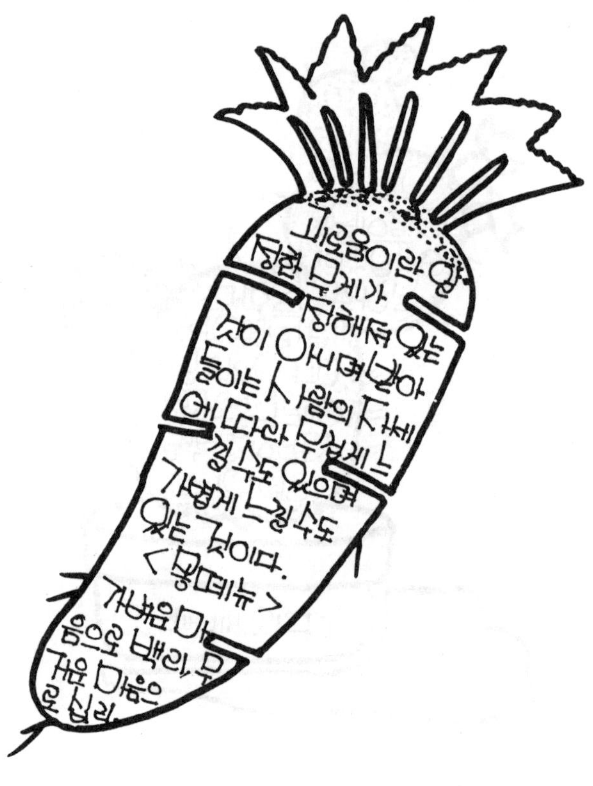

괴로움이란 일정한 무게가 정해져 있는 것이 아니며 똑같은 사람의 자세에 따라 무겁게느껴질 수도 있으며 가볍게느껴질 수도 있는 것이다.
<몽떼뉴>
가벼운 마음으로 백리, 무거운 마음으로 십리.

그대들은 영감같은 것에 기대하지 말아라. 영감 따위는 존재하지 않는다. 예술의 유일한 특징은 계단이며, 노의이며, 진실이며, 의미이다. 그대들은 성실한 작업이 일하듯 창작에 몰두하라. <로뎅>

세상은 하나의 커다란 영혼이며, 개개의 인간의 영혼도 하나의 세계이다. <에밀·리텔하우스> — 영혼의 세계와 이 지상의 세계가 조화를 이루어야 한다.

우리는 습관이란 울타리를 어물어야 한다. 습관이란 울타리가 항상 우리의 앞을 막아서고 있기 때문이다. <몽떼뉴> 그러나 착한 선한 습관은 남게 하는 것이 교육이다.

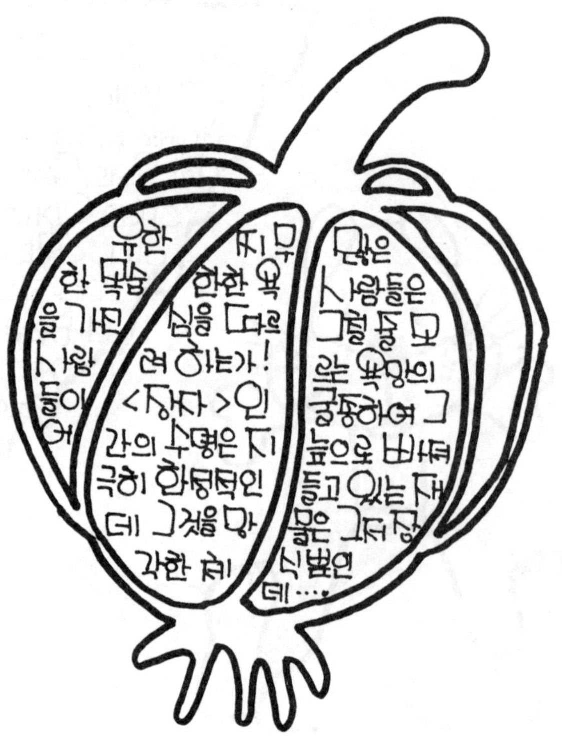

많은 사람들은 모의 그럴 듯하게 늪으로 빠뜨리고 있는 그 장면은 신 별인데....
무엇의 무한한 힘을 려 하는가!
＜장자＞ 인간의 수명은 극히 한정적인데 그것을 망각한 채
한 유택한 가며을 사람들이 어

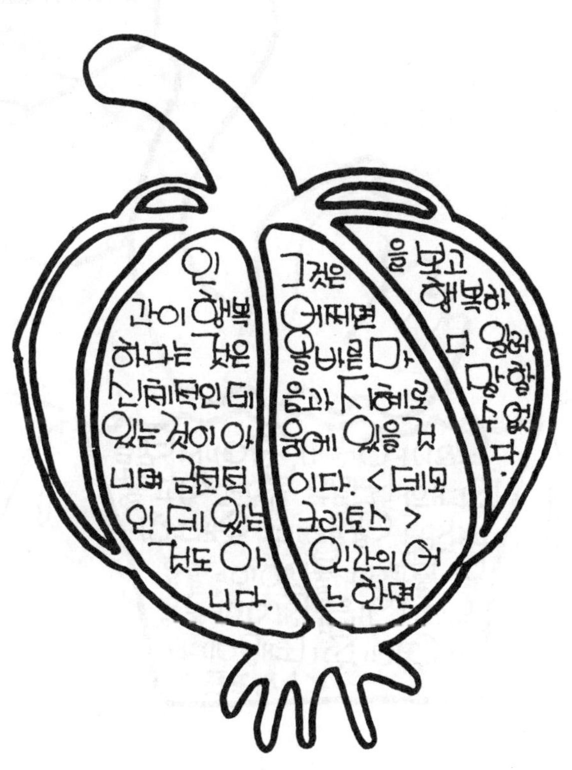

인간이 행복하다는 것은 신체적인 데 있는 것이 아니며 금전적인 데 있는 것도 아니다.
그것은 어쩌면 올바른 마음과 사유에 있을것이다. <데모크리토스> 인간의 어느 한면
을 보고 행복하다 말할수 없다.

우리가 하늘과 땅에서 받는 최대의 선물은 불안스럽고 불편스러운 일들이다. 왜냐하면 불평과 불만이야말로 우리 마음을 진지한 곳으로 옮겨주기 때문이다.
＜스위프트＞

안된다. <스위프트>
한 마디의 거짓말이, 그의 자신
이 얼마나 무거운 짐을 짊어져야
야 하는지를 꿈에도 깨닫지
못한다. 하나의 거짓을 감추
기 위해 또다른 거짓말
스무가지를 발명하지
않으면

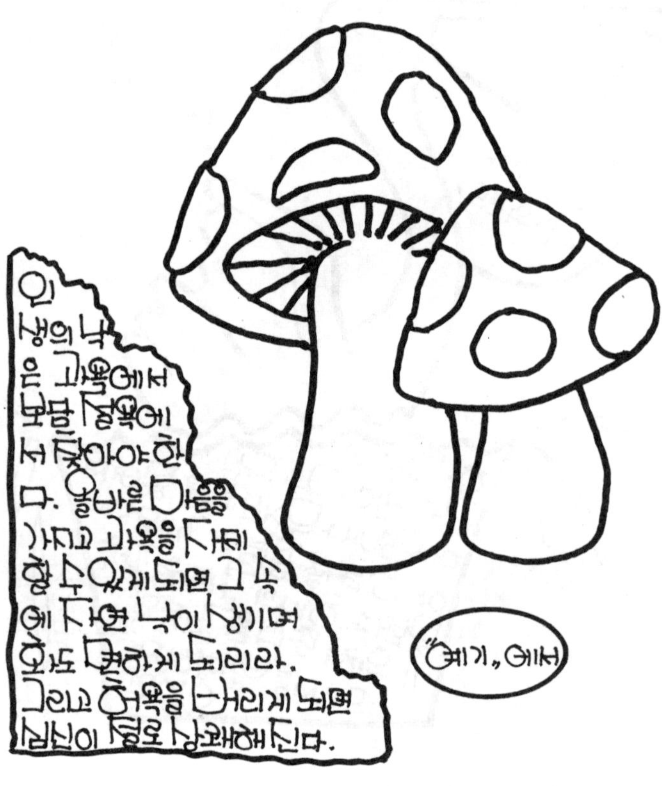

인생의 낙은 고욕에서 벗어나야 한다. 올바른 마음을 가져 그 욕을 즐겁게 되며 그 속에 낙이 생기며 즐겁게 되리라. 그리고 허욕을 버리게 되면 심신이 절로 상쾌해진다.
"예기』에서

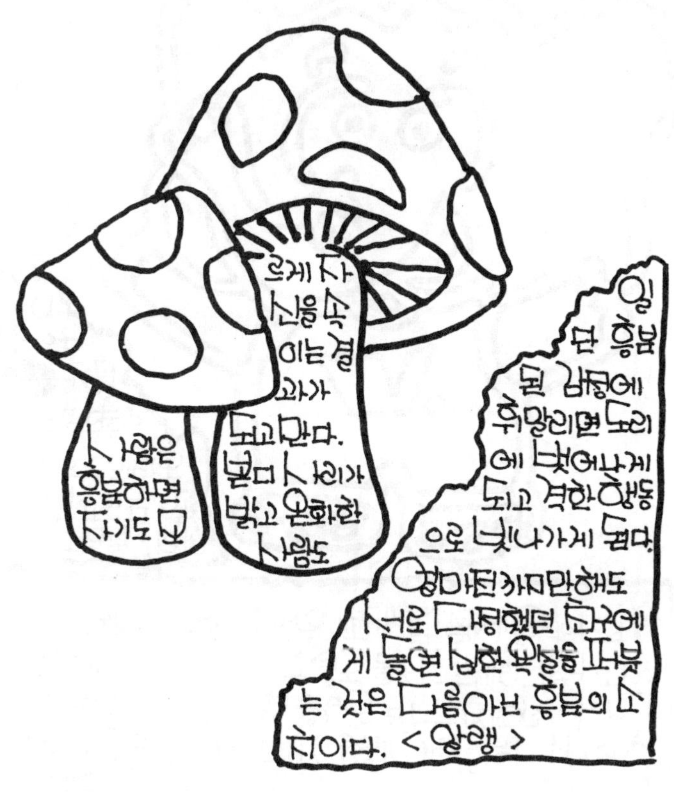
사람은 행복하면 자기도
르게 자신을 이는 결과가 되고만다.
보다 사람이 밝고 온화한 사람도
흥분의 ...이다. < 알랭 >

미국의 극작가 <클리포드·오데트>의 희곡 "눈뜨고 노래하라" 종막 대사.
당신의 앞에는 큰 산과 같은 미래가 있다. 그리고 당신에겐 그것을 오를 수 있는 두 다리가 있다. 당신 자신에게 나는 무엇을 할 것인가 깨달도록 하라! 나는 그런 이상을 가지고 70 평생 지절여 대기만 했다. 그런데 그것은 머리 속에만 있었다. 당신은 마음 속에 있는 이상을 실현 시켜야 한다.

☆ 위대한 人 사람일 수록 큰 경험이 있다.
< 몽떼스키외 >
☆ 경험은 수 고칠 수 없는 것이니 차라리 그것을 인
정하고 긍정한 데서 그 경험이 교정되고 순화될수
있다는 것이다. 그 경험을 고칠려고 애쓰면 쓸수록
경험의 구멍이 자꾸 넓혀질수 있기 때문이다.

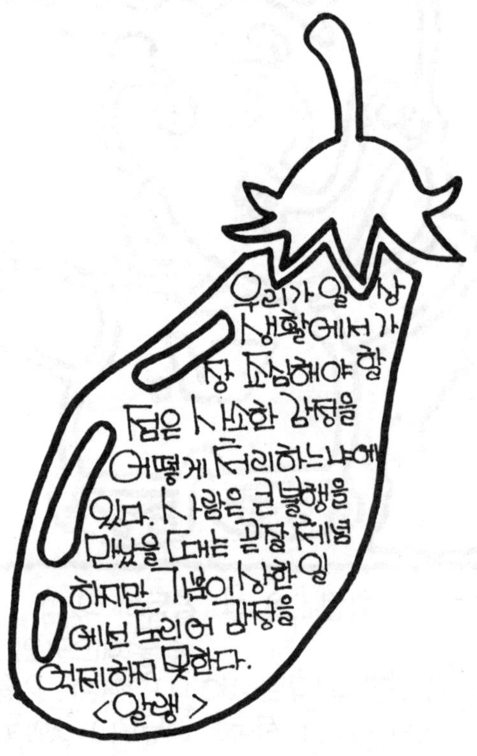
우리가 일상
생활에서 가
장 조심해야 할
점은 사소한 감정을
어떻게 처리하느냐에
있다. 사람은 큰 불행을
만났을 때는 곧잘 체념
하지만 감정이 상한 일
에는 도리어 감정을
억제하지 못한다.
<알랭>

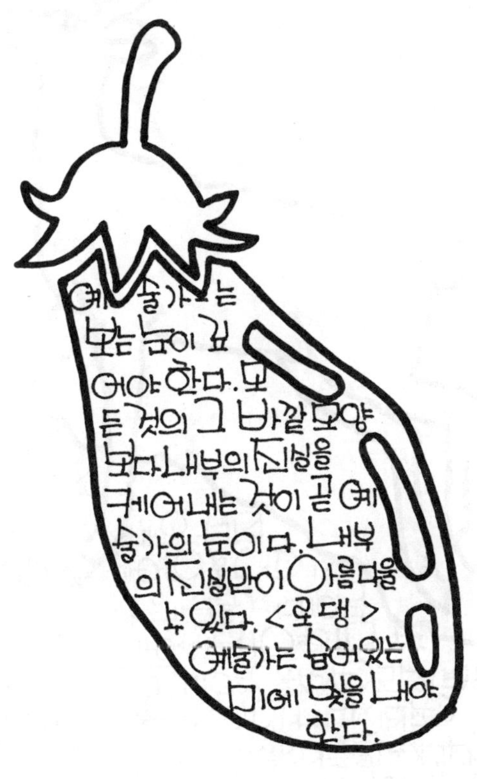

예술가는 보는 눈이 깊어야 한다. 모든 것의 그 바깥 모양보다 내부의 진실을 구해어내는 것이 곧 예술가의 눈이다. 내부의 진실만이 아름다울 수 있다. <로댕>
예술가는 답어있는 미에 맞을 내야 한다.

어느 정도 한 마음 속에 둘로 나뉘어진다. 왜냐하면 이 한 그릇 안에 있기 때문이다. (둘베르) — 악은 필요악이다. 만약 이 세상에 악이 존재하지 않는다면 선도 없었을 것이기 때문이다. (아나톨 프랑스) — 언제까지나 지속되는 불행이란 없는 법이다. 묵묵히 견디어 내든지, 용기를 내어 물리치든지, 이 둘 중의 한 가지 방법을 선택하여 취해야 한다. (로망 롤랑)

희망은 영혼의 행복
얻지 못한 과거를 부정하고 자기 자신을 위해 그것을 변화시켜 보겠다는 희망 이야말로 갱생한 이의 매력이다. (모로아) — 내일은 내일 다시 내일의 태양이 떠오른다. (마가레트 미첼) — 희망은 인간을 성공으로 인도하는 신앙이다. 희망이 없는 것에서는 아무런 성공도 하지 못한다. (헬런 켈러) — 죄악의 명망은 죽음이다. 죄는 자신에 대한 위선이며 불성실인 것이다. (호도)

아무리 커다란 공간일지라도 사랑의 힘이 능히 그것을 메울 수 있다. (괴테)
웅변은 지식의 아들이다. (벤저민·디즈렐리)

정확성은 미와 조화
될수 없다. 미에 대한
표현이란 우리들의 쾌
감 뿐이다. (괴테)
표현에 있어서 형
은 혁명을 뜻한다.
(벤자민 디즈레일리)

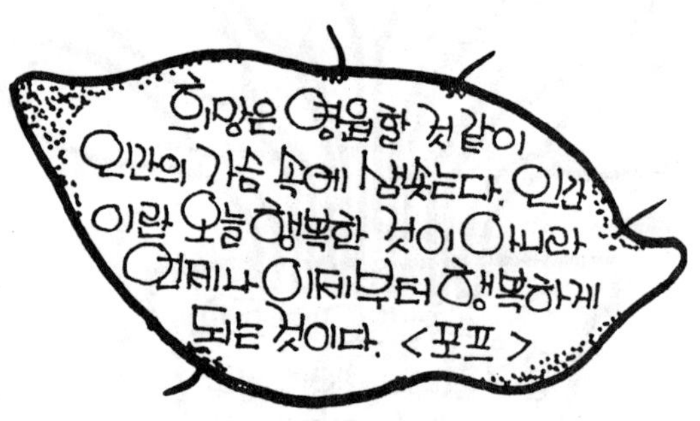
희망은 영원한 것 같이
인간의 가슴 속에 샘솟는다. 인간
이란 오늘 행복한 것이 아니라
언제나 이제부터 행복하게
되는 것이다. <포프>

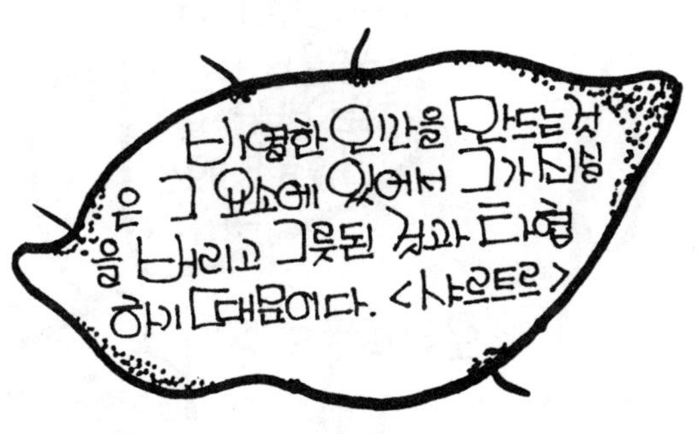
비열한 인간을 만드는 것
은 그 요소에 있어서 그가 진심
을 버리고 그릇된 것과 타협
하기 때문이다. <샤르트르>

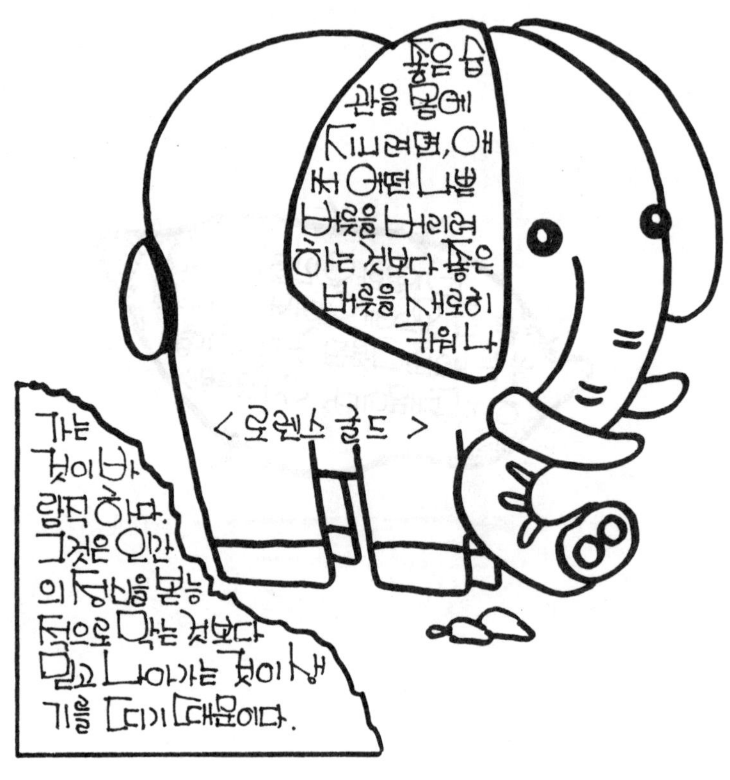

좋은 습관을 몸에 지니려면, 어떤 나쁜 버릇을 버리려 애쓰는 것보다 좋은 버릇을 새로이 키워나가
<로렌스 굴드>
가는 것이 바람직하다. 그것은 인간의 성년을 본능적으로 막는 것보다 믿고 나아가는 것이 생기를 띠기 때문이다.

극단의 것은 어딘가 일찍함의 경우 없다. 가끔 극단에 치우친다. 그러나 극단이 아니고 조화로운 것
만 이 모두 좋다. 신은 그 조화로움을 흐뭇해한다. <라브뤼에르>
균형을 이루는 조화로움은 곧 덕스러운 인격을 이루는 기본 요소이다.

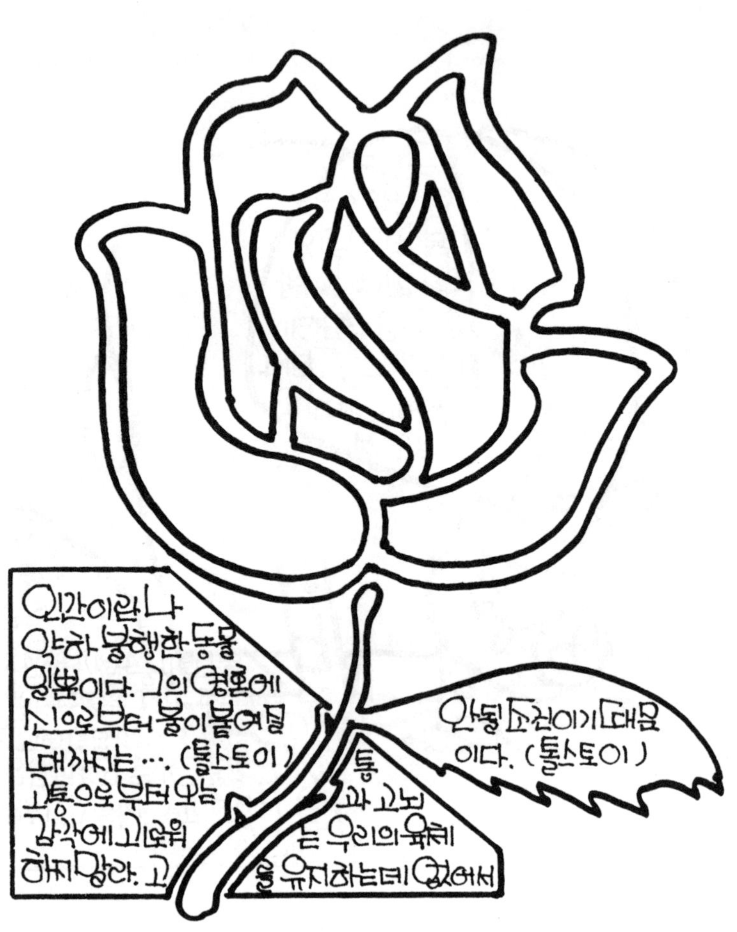

인간이란 나
약하 불행한 동물
일뿐이다. 그의 영혼에
신으로부터 불이 붙여질
때까지는 … (톨스토이)
고통으로부터 오는
감각에 고요워
하지말라. 고
통
과 고뇌
는 우리의 육체
를 유지하는데 있어서
안될 조건이기 때문
이다. (톨스토이)

내가 고독했을 때 나는 가장 고독하지 않다. (키케로)
오늘의 하루는 내일이라는 날의 두배의 가치가 있다. (플랭클린)
에게 가르침을 두기 때문이다. (플랭클린)
는 없다.
개미는 한마디의 말도 없이 인간
개미처럼 능숙한 설교를 잘하는

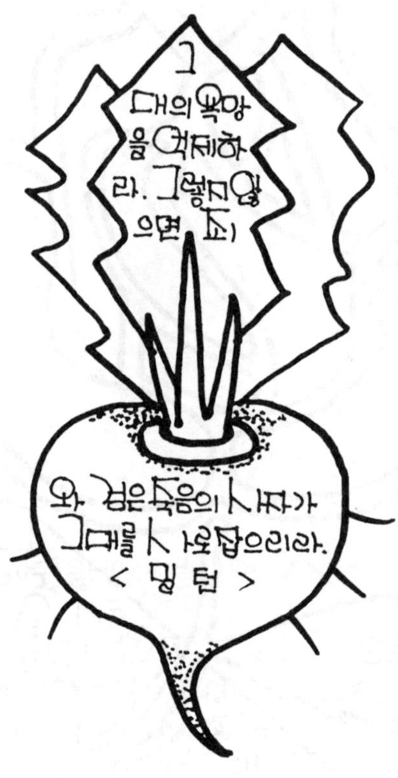
그대의 욕망을 억제하라. 그렇지 않으면 그 검은 죽음의 사자가 그대를 사로잡으리라.
< 밀턴 >

거짓은 노예와 군주의 종교다. 진실은 자유로운 인간의 하느님이다.
< 고리끼 >

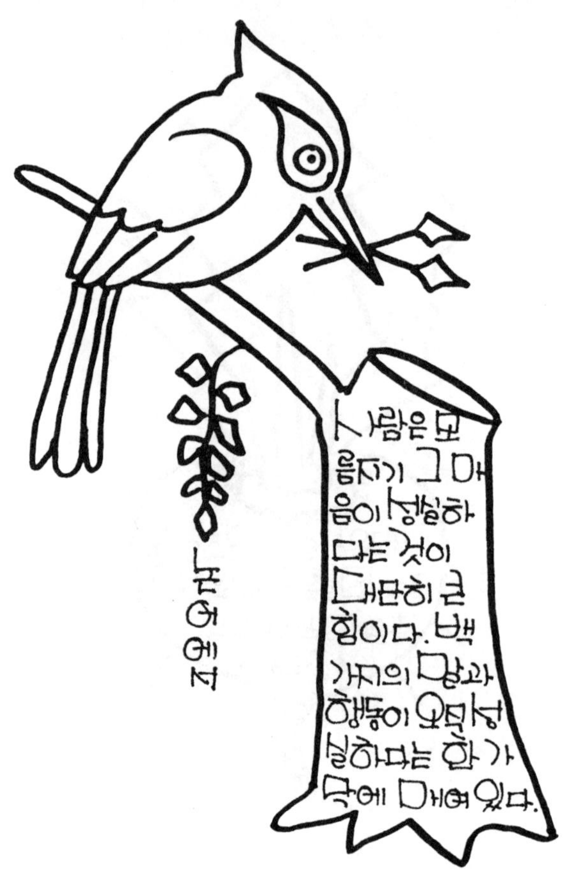
사람은 모름지기 그 마음이 성실하다는 것이 대단히 큰 힘이다. 백 가지의 말과 행동이 오직 성실하다는 한 가닥에 매여 있다.
늙어가고

부드러운 어조로 상
대를 설득하
지 못하는 사
람 노한 말
로도 상대를 못한
다. <체호프>
— 진심이 담긴
말이어야 한다.

우리의 지성이 힘을
잃을 때 자유와 권
리는 흉물되어 버
린다. (밀턴)

오늘 하루 이 시간은 당신의 것이다. 하루를 착한 행위로 최선을 다해 장식하여라
(루즈벨트)

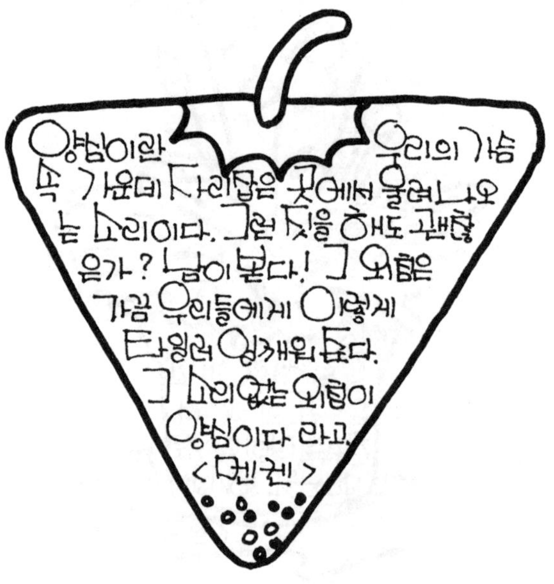
양심이란 우리의 가슴
속 가운데 자리잡은 곳에서 울려나오
는 소리이다. 그런 짓을 해도 괜찮
은가? 남이 본다! 그 외침은
가끔 우리들에게 이렇게
타일러 일깨워 준다.
그 소리없는 외침이
양심이다 라고.
〈멩 켄〉

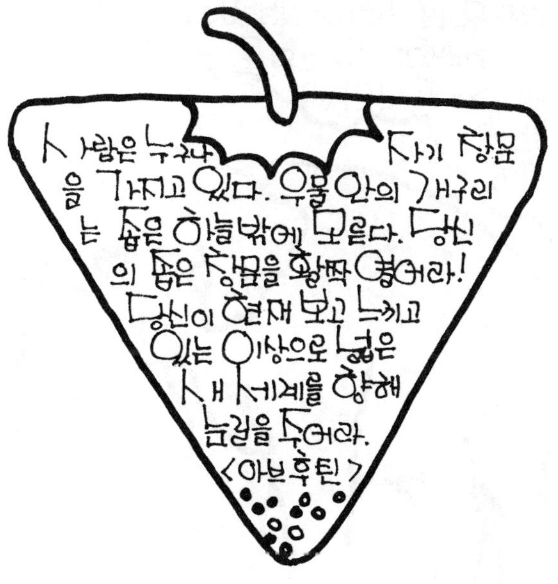
사람은 누구나 자기 창문을 가지고 있다. 우물 안의 개구리는 좁은 하늘밖에 모른다. 당신의 좁은 창문을 활짝 열어라! 당신이 현재 보고 느끼고 있는 이상으로 넓은 새 세계를 향해 눈길을 두어라.
〈아브후틴〉

우리들은 양식만으로 만족해 하는 가축은 아니다. 우리들에겐 한 사람의 파스칼, 가난한 그 이의 출현이 옥답 많은 갑부의 출현보다도 훨씬 가치가 있는 것이다.
<생 떽뒤뻬리의 "인간의 토지"에서> - "인간은 생각하는 갈대"라 말한 파스칼

이미 자리잡은 권위라도 우리의 양심이 허락치
않으면 의심하라. 다른 사람들이 다 나쁘다
한 일도 당신의 마음의 소리가 옳다고 하면
따르라. 그런데 이 쉬운 원리를 잘못 왜
곡하여 처리한 사람들 생각보다
많다. 의심하지 않을 것을
의심하고 마땅
이 따라야
일엔 교만
을 핀다.
〈파스칼〉 ~~○

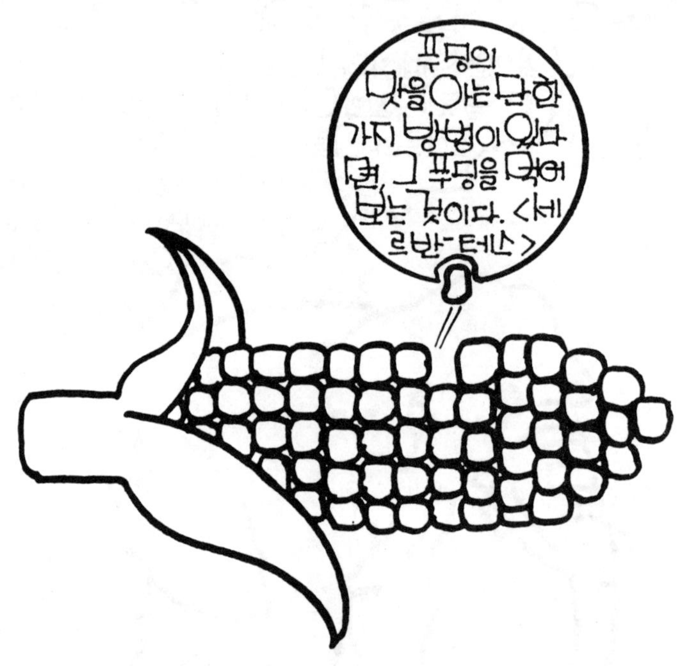
푸딩의
맛을 아는 단 한
가지 방법이 있다
면, 그 푸딩을 먹어
보는 것이다. 〈세
르반테스〉

자기의 껍질을 벗길 수 있는 정도가 크면 클수록 그의 세계는 넓어진다. <히파르코스>

이기심이란 나를 위해 생긴 것인데 당작 신을 해면 고 있다는 것을 알아야 된다.
마음을 가까하고 사랑을 멀리해서는 어느 누구도 평온을 얻을 수 없다. 사람의 마음속에는 반드시 탐험한 그 무엇이 내재하여 있다. 그 탐험함은 이기심, 그것들을 버릴 때 비로소 우리는 사랑의 광장에 나설수 있는 것이다.
<힐티>

여자는 마냥 흔들리기 쉬운 약한 성품만
이 있는 것이 아니다. 여성의 성품속에는 희
생이 있고, 인내의 힘이 있고, 겸손과 신앙, 그
리고 지혜로운 고귀한 요소들이 있다. 특히 여
성은 그 직관으로서 남성의 지식을 능가할 수
있다.　　　　　< 간디 >

이미 이 세상에 태어났다는 것은 하나의
확연한 절망이다. 죽는다는 것은 별개의 몸테
이다. 그러나 사는동안 만큼은 우리의 기쁨이며
낭먹이다. <샤요얀의 "그대 인생이 한창일때">

경험은 학문을 낳는 어머니이다. <세르반테스> — 인간은 경험을 통해서 무언가 배우고 경험의 횟수만큼 점진적으로 지혜롭게 되어간다. 그리고 경험 많은 만큼 지혜로우며, 지혜로움만큼 인간다워지는 것이다.

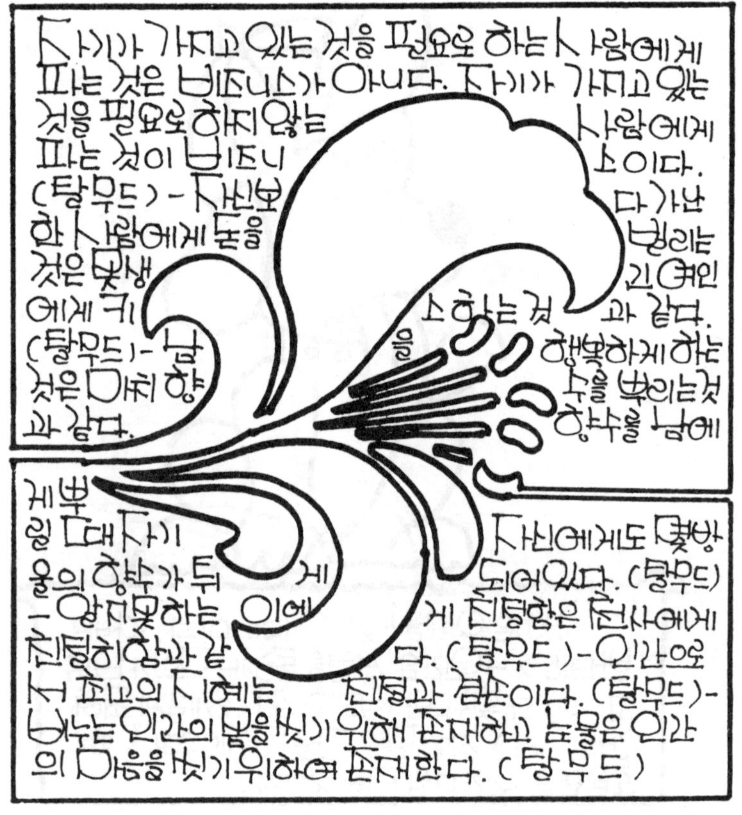
자기가 가지고 있는 것을 필요로 하는 사람에게 파는 것은 비드니스가 아니다. 자기가 가지고 있는 것을 필요로 하지 않는 사람에게 파는 것이 비드니 (탈무드) - 자신보다 한 사람에게 돈을 ...한 것은 못생...에게 키 (탈무드) - 남을 향...것은 마치 향...과 같다.
사람에게 소이다. 가난 버리는 긴 개인 과 같다. 행복하게 하는 수를 뿌리는 것 향수를 남에게
을 소하는 것
게
이에
게 뿌리 대자기 울의 향수가 튀 알지못하는 진털히장과 같 조 교의 지혜는 누는 인간의 몸을 씻기 위해 존재하고 눈물은 인간의 마음을 씻기위하여 존재한다. (탈무드)
자신에게도 몇방 되어있다. (탈무드) 게 진털함은 전사에게 다. (탈무드) - 인간은 진털과 겸손이다. (탈무드)

인간은 철보다 강하고 파리보다 약하다. (탈무드)
인간은 죽으면 그 소리가 병례에 막히고 만
살아 있다 하더라도 신의 영혼이 근심적
하고 말(대가 있무드) - 인간은 자
경우 우선 들이었
으로 돌리고 어
의면 자신이
발 탓으
다. 그러나 인간은 자
정에게
다. (탈
신이납
돌 탓으로 어돌림
으면 언덕 탓 다.
덕마저 없
고 있는신
으로 돌린다. 인간은 어저고만 해서
는 자기 탓으로 하지 않는다. (탈무드) —
아이 없는 교육은 마 래가 없는 현대와
다을 바랐다. (탈무드) 동물 가운데 오직
인간만이 웃을 수 있다. 그 인간 가운데에서도 똑똑
하고 현명한 자 일수록 많 웃는다. (탈무드)- 당나
귀는 제우상램에 가더라도 당나귀이다. (탈무드)

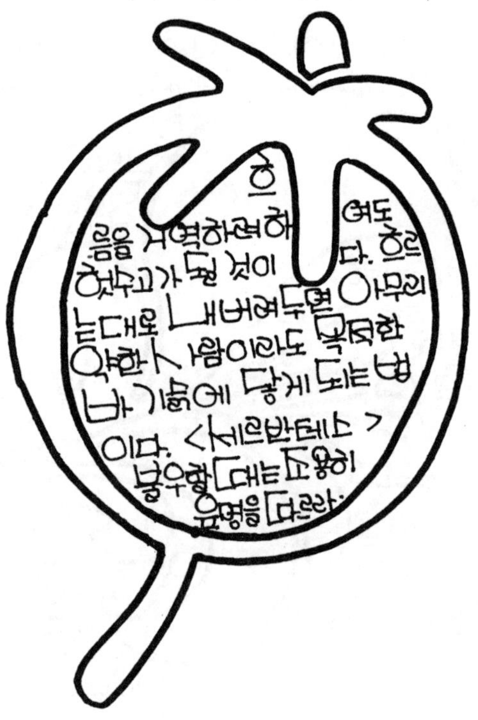

흐름을 거역하려 하여도 헛수고가 될 것이다. 흐르는대로 내버려두면 아무리 약한 사람이라도 목적한 바 기슭에 닿게 되는 법이다. <세르반테스>
불우할 때는 조용히 운명을 따르라.

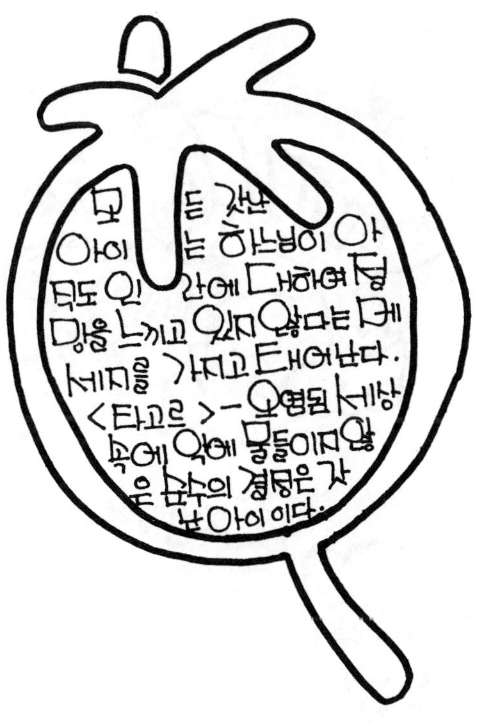

모든 갓난 아이는 하느님이 아직도 인간에 대하여 실망을 느끼고 있지 않다는 메세지를 가지고 태어난다.
<타고르> ― 오염된 세상 속에 악에 물들이지 않은 다수의 결명은 갓 난아이 이다.

한 인간이 자기의 삶이 있어서 반항과 자유를 느끼며 사는데 될 수 있는 한 보다 많은 것을 느끼는 것이 보람있는 삶이요 보다 많이 사는 것이 된다. 〈까뮈〉

좀 생활이 어렵더라도 너무 안이란
길을 찾지 않는 것이 좋을 것이다. 황
제도 무엇이든 자신 마음대로만 된다면
이 세상을 살아 갈 재미가 없을 것
이다. <앙렝>

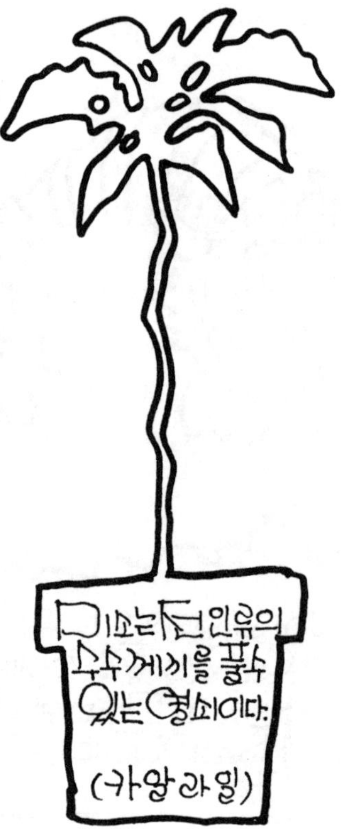

미소는 모든 인류의 수수께끼를 풀수 있는 열쇠이다.
(카알라일)

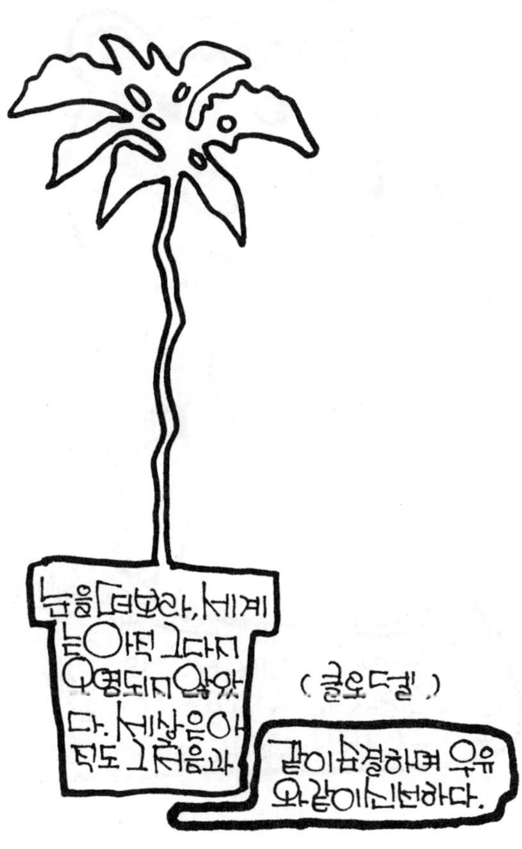

눈을 떠보라, 세계는 아직 그다지 오염되지 않았다. 세상은 아직도 그 처음과 같이 순결하며 우유와 같이 신선하다.
(글오드릴)

누구나 실수는 할수 있다. 그러나 잘못을 고집하는 자는 바보와 같다. (키케로) -
나는 가장 많은 ... 명예평화를 더 ... 한다. (키케로) - 인간
은 진리에 대해서는 얼음과 같이 차지만 허위에 대해서는 불과같이 뜨거워진다. (라. 몽테뉴) - 아직 삶조차도 모르는데 어찌 죽음을 알까. (공자)

그림은
소리없는 시이며
시는 소리없는 그림
이다. (꿀리지)
구민 말이란 꽃이고
지명한 말이란 열
매이며, 듣고는 약
이다. 그런데 달콤한
말은 병이다. (시미허)
이렇게도 살수가 있었는데 하고 극심한 후회로 상
심하고 괴로워하는 것은 인간이 저지를수 있는 죄
악의 어리석음에서 나지 않는다. (리히덴베르그)

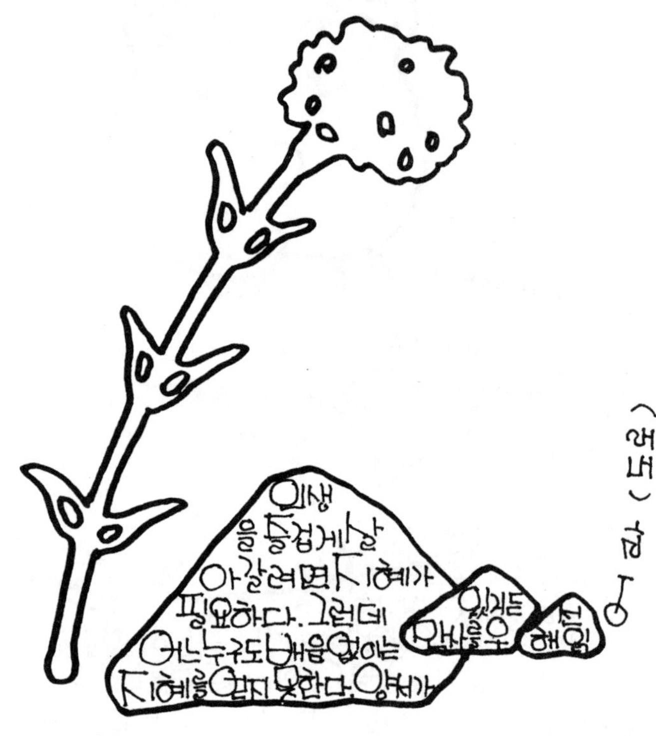

인생을 즐겁게 살아갈려면 지혜가 필요하다. 그런데 어느누구도 배움없이는 지혜를 얻지 못한다. 양서가 있거든 만번을 읽어라
(파브르)

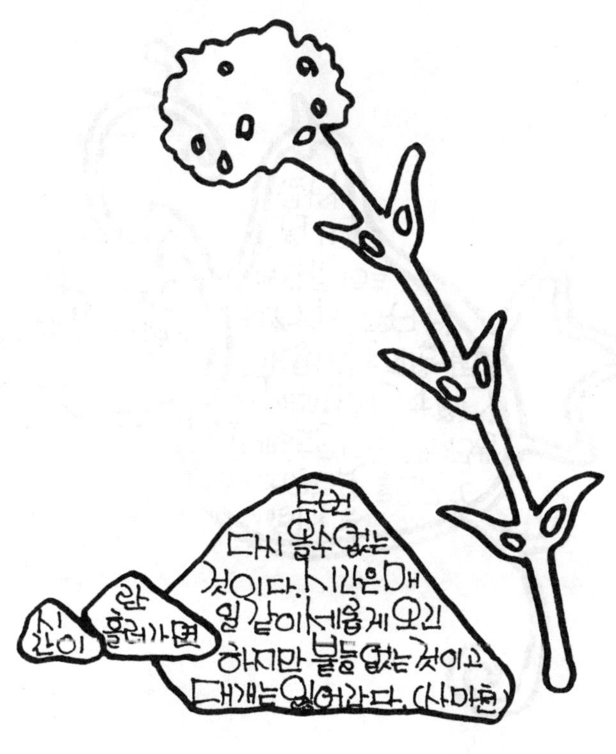

시간이란 흘러가면 한번 다시 얻을수없는 것이다. 시간은 매일 같이 세울게 오긴 하지만 붙들 없는 것이고 대개는 잃어간다. (사마천)

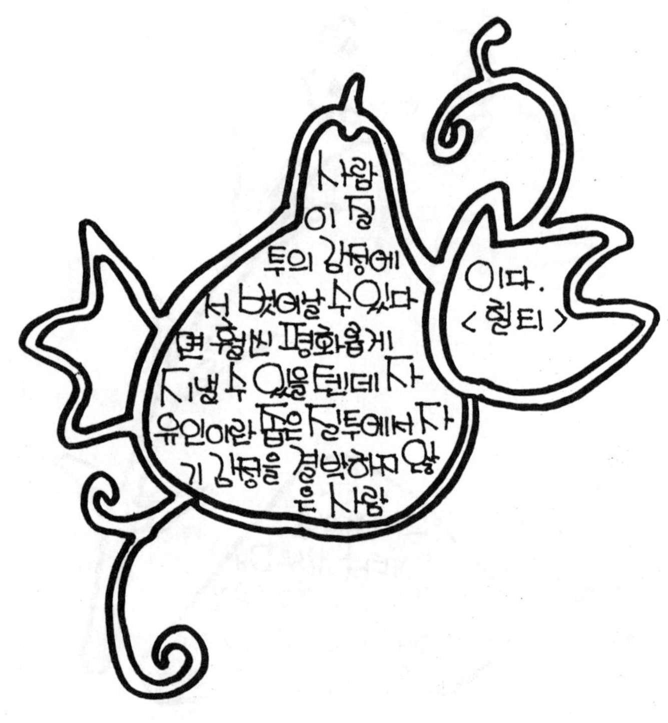

사람
이 질
투의 감정에
서 벗어날 수 있다
면 훨씬 평화롭게
지낼 수 있을텐데 자
유인이란 깊은 질투에서 자
기 감정을 결박하지 않
은 사람
이다.
〈힐티〉

< 파리똥의
전체에서
위케르트 >
그대
들의 눈
에 따라
세상은 어둡게
도 보이고 밝게도
보일 것이다. 그대가
바라보는 대로 세상은
울었다 웃었다 하리라.
(보기나름)

우리들 내부
에 보존되는
미덕은 보석
의 성질을 구유(
갖추고 있음)하고
있지 않으면 안된다.
다시 말해 어떤 일이
일어나든 그것은 천연의
미를 영원불변토록
보전하여 지켜야 한다. (마르쿠스·아우렐리우스)

고독이 나쁜것 만은 아니라는 것을 우리들은 인정하지 않을 수 없다. 그러나 한편 고독은 좋은 것이라는 것을 이야기할 수 있는 상대를 가지는 것은 하나의 기쁨이 될 수 있는 것이다. (발자크)

판권본사소유

세계 명언집

2009년 11월 20일 재판
2009년 11월 30일 발행

역 자 | 김 영 배
펴낸이 | 최 상 일

펴낸곳 | 태 을 출 판 사
서울특별시 중구 신당6동 52-107(동아빌딩내)
등 록 | 1973 1.10(제4-10호)

ⓒ2001. TAE-EUL publishing Co.,printed in Korea
※잘못된 책은 구입하신 곳에서 교환해 드립니다

■ 주문 및 연락처
우편번호 100-456
서울 특별시 중구 신당 6동 제52-107호(동아빌딩내)
전화: 2237-5577 팩스: 2233-6166

ISBN 89-493-0277-2   03000

이책의 저작권은 태을출판사에 있으므로 출판사의 허락없이 무단으로
복제, 복사, 인용 사용하는 것은 법으로 금지되어 있습니다.